명리공간

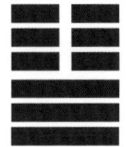

顯秀 박희령

일숲

왜 명리 공간인가?

나는 건축가다. 건축을 공부한 다른 분들과 조금 차이가 있다면 독일에서 건축을 공부했다는 것 정도랄까? 1990년대 독일에서 건축설계를 전공하고 석사학위까지 마치고 난 후, 더는 공부하지 않겠다고 다짐했다. 독일에서 배운 '건축'이라는 학문은 매우 이성적 사고에 바탕을 둔 실용적인 내용으로 구성돼 있어서 졸업만 하면 건축가 자격으로 실무를 할 수 있다. 그렇다 보니 공부를 계속할 필요를 느끼지 못했다.

운명은 때로 나의 의지와는 상관없이 뜻하지 않은 길로 나를 이끌기도 한다. 졸업과 동시에 결혼하면서 한국으로 돌아왔고, 바로 건축사사무소에서 일을 시작했다. '건축 실무라는 게 이런 거구나' 하고 알아갈 무렵 임신과 육아를 위해 잠시 휴직하기도 했다. 하지만 내가 다시 일터를 돌아갔을 때 IMF라는 복병을 만나 회사가 문을 닫고 말았다. 다른 사무소를 알아봤지만 나처럼 고학력에 고연봉, 더구나 상대적으로 실무 경력은 짧은 사람이 재취업 기회를 얻기는 어려웠다. 결국 내가 할 수 있는 선택은 학교 강의 말고는 없었다. 그나마 학위가 있어서 도전해볼 수 있는 자리였다.

더는 공부하지 않겠노라고 다짐하며 독일에서 돌아왔건만, 한참 실무를 쌓아야 할 나이에 다시 학교로 가야 했다. 고민 끝에 홍익대학교에 박사과정으로 들어갔다. 모국어인 한국어로 건축설계를 배워본 적이 없는 나로서는 새로운 도전이었다. 그래도 이 시기에 건축이론을 비롯해 철학, 심리학 등 다양한 인문학을 접하게 되면서 공부에 새로운 재미를 붙일 수 있었고 마침내 건축 박사학위를 받았다. 박사학위를 준비하는 동안 여러 대학에서 강의하며 학생들을 만났다. 그 과정에서 강의도 즐거운 일이라는 사실을 새삼 깨닫고는 교수직을 나의 최종 직업으로 정하기도 했다.

박사학위 취득을 한 한기 남겨두고 국민대 정교수가 되었지만(이게 무슨 운명의 장난인지 여기서 세세한 사정을 밝힐 순 없지만), 여러 조건이 처음에 약정했던 것과 달라진 상황이 벌어졌다. 결국 나는 교수의 꿈을 접고 다시 건축 실무에 뛰어들었다.

여기까지 이야기를 들으면 유학파에 박사학위에 교수직까지, 얼핏 누가 봐도 좋은 경력을 쌓아온 여성 건축가로 보일 수도 있겠다. 하지만 언제나 그렇듯 세상은 호락호락하지 않았다. 공부만 열심히 하면 되었던 학교 생활과 달리 실무 현장은 혹독하기만 했다. 혼자만의 노력으로는 해결할 수 없는 비참한 현실에서 번번이 좌절하면서 여러 차례 고민하고 방황했다. 긴 유학 기간에 기독교 신앙으로 지탱했던 나의 믿음은 너무 연약했다. 이처럼 예상치 못한 어려움과 실패를 겪다 보니 방황의 길로 들어서게 되었다.

그러던 어느 날 신문을 읽다가 운명 같은 기사를 만났다. 바로 강헌 선생의 『명리』라는 책 출간 기사였다. 무언가에 이끌리듯 바로 책을 사서는 이틀 만에 다 읽어버렸다. 그리고 명리학에 대한 강한 호기심이 생겼다. 스마트폰에 만세력 앱을 설치하고 나의 사주를 들여다볼수록 더욱 큰 흥미를 느꼈다. 하지만 거기까지였다. 독학으로는 한계가 있었으니까.

일단 유튜브에서 유명하다고 소문난 명리학 강의를 찾아 들었다. 그렇게 명리학에 대한 지식이 조금씩 쌓여가자 마치 블랙홀에 빨려 들어가듯 거대한 명리의 세계로 깊이 들어가게 되었다. 뇌리에서 '명리'라는 단어가 떠나지 않았다. 그러다가 화풍정 선생의 명리학 입문 강의를 듣게 되었고, 코로나19 시기가 끝날 무렵에는 그의 제자인 석정 선생에게 기초 강의를 들었다. 지금은 화풍정 선생과 또 다른 젊은 제자 정동찬 선생에게 명리학을 배우고 있다.

명리학은 그 깊이를 가늠할 수 없을 정도로 지난한 과정을 거쳐야 하는 학문이다. 끊임없는 정진이 필요한데, 어느 날 문득 내가 가장 잘 아는 건축 '공간'에 '명리'를 적용해보면 어떨까 하는 생각이 들었다.

사람이라면 대자연 속에서 알몸으로 살아가지 않는 이상, 자신이 인지하든 그러지 못하든 누구나 공간의 지배를 받는다. 산다는 것은 결국 책상 앞 의자부터 방, 집, 또는 사무실 공간의 영향을 받는다는 뜻이기도 하다. 그렇다면 그 영향력을 좀 더 나에게 맞게 조절할 수는 없을까? 그것이 바로 이 책의 시작점이었다. 아직 부족한 점이 많고 배워야 할 것도 많지만, 시작이 반이라는 생각으로 출판을 결심하고 글을 쓰기 시작했다.

이 책에서는 명리 공간이 일반의 공간 디자인과 어떤 방식으로 다른

지 이야기해보려 한다. '명리 공간'이란 자신의 사주 속 오행(五行)*의 분포를 분석하고 오행에 따라 디자인한 건축 공간을 말한다. 그렇게 하면 자신의 명(命)이 더욱 풍요로워지고 운(運)도 좋아질 수 있어 만든 말이다. 내가 사주를 익히는 이유는 자신과 타인을 알아가는 '관계의 철학'을 중요하게 여기는 데 있다. 공간도 마찬가지다. 관계의 철학으로 접근하면 익히 알던 공간도 내가 알던 설계 방식이 다 옳은 것은 아니라는 사실을 알게 된다.

주변의 적지 않은 사람이 자기 미래가 궁금해서 철학관에 찾아가 상담을 받는다. 어떻게 해야 돈과 명예를 얻을 수 있으며 또 불화를 해결할 수 있는지 조언을 들으려는 것이다. 하지만 정작 자신이 늘 살아가는 공간이 얼마나 중요한지는 깨닫지 못한다. 강조하지만, 나의 공간을 나의 사주에 맞게, 그리고 개운(開運) 할 수 있는 공간으로 만드는 일이 우선이다.

만일 여러분이 집을 짓게 된다면 시작 단계부터 명리 공간에 부합하는 설계를 해서 살아가는 데 도움이 되는 공간으로 만들어야 한다. 그렇다고 반드시 집을 지을 필요는 없다. 집을 짓거나 이사할 수 없는 상황이라면 우선 자신의 공간을 운이 흐를 수 있게 재배치하는 것만으로도 달라질 수 있다.

물론 명리학에는 절대적으로 옳고 그름이 없다. 자신에게 맞는 방식을 찾는 것이 중요할 뿐이다. 공간도 마찬가지다. 정리하자면 '명리

---

* 명리학에서의 오행은 목, 화, 토, 금, 수를 말한다.

공간'은 자기 사주의 오행을 분석해 살아갈 공간을 디자인한다는 신개념 설계방법론이다.

내가 요즘 명리 공간 관련한 책을 쓰고 있다고 말하면 대부분 '그럼, 풍수(風水)를 말하는 거냐?'라고 되묻곤 한다. 반은 맞고 반은 틀렸다. 알려졌듯이 우리 선조는 집을 지을 때 풍수를 고려했다. 집터를 잡는 일은 매우 중요하다. 그렇다고 풍수가 어려운 개념은 아니다. 바람길을 잘 내어 어디 하나 습하지 않게 하고, 환기도 잘되게 해야 곰팡이가 피지 않는다. 또한 볕이 잘 들어야 하고 물이 가까운 데 있어야 따뜻하고 편리하게 살 수 있다. 이런 사항을 고려해서 땅을 정하고 집을 짓는 것이 양택풍수(陽宅風水)의 기본이다.

하지만, 근대 이후 서양 학문이 들어오고 과학의 발달과 함께 합리성을 중시하는 철학이 사고의 틀을 이루면서 풍수는 미신이나 풍속으로 전락하게 했다. 선조의 지혜가 담긴 풍수가 한순간에 몰락한 현실이 안타깝다. 물론 나는 풍수 전문가가 아니어서 제대로 된 양택지를 찾지도 못한다. 제대로 풍수를 익히려면 깊은 지식과 경험을 토대로 한 데이터가 있어야 한다. 그런데 명리학을 공부하다 보니 풍수를 깊게 알지 못하더라도 명리 이론만으로 생활에 오행 원리를 접목할 수 있다는 사실을 깨닫게 되었다.

'명리 공간'은 단순한 사주 풀이를 바탕으로 만드는 공간이 아니다. 자신을 이해하고 자신에게 맞는 공간이 무엇인지를 아는 것이 우선이다. 모두 똑같이 생긴 공간에 나를 맞춰 사는 것이 아니라 나에게 맞는 공간을 확보하는 것이 목적이다.

거듭 말하지만, 명리는 자신과 타인을 이해하는 데 탁월한 학문이며, 나아가 자연의 섭리와 우주의 이치를 이해하는 데 도움이 되는 학문이다. 자연의 일부인 인간과 인간이 살아가는 공간은 떼려야 뗄 수 없는 관계에 있다. 자신에게 맞는 공간은 무엇이며 어떤 오행적 공간으로 꾸며야 몸이 편하고 또 에너지 흐름이 자연스러울 수 있는지 고민하는 것은 당연한 일이다.

물론 세간에 떠도는 풍수 인테리어를 맹목적으로 따르는 사람도 많다. '남향이 좋다더라' '북쪽으로 머리를 두고 자면 안 된다'라는 등 영문도 모른 채 맹목적으로 따르던 풍수 상식을 명리 공간에서는 좀 다르게 해석해보려고 한다.

2024년 노벨문학상을 받은 한강 작가의 『빛과 실』이라는 산문집에 「북향 방」이라는 시가 나온다. 작가는 자신이 봄부터 북향 방에서 살았다는 구절로 이 시를 시작한다.

한국 사람은 북향보다 남향을 선호한다. 아파트건 주택이건 마찬가지다. 그래서 향이 집값을 결정하는 중요한 요소로 작용한다. 그런데 한강 작가는 이 책에서 마흔여덟 살에 산 북향집을 언급하며 북향의 사람이 되었으므로 밝은 방으로 돌아갈 마음도 없다고 말한다. 우리는 대부분 '정원'이라고 하면 햇빛을 중요하게 생각하는데, 이 책에서는 북향 정원을 상세히 서술한다. 작가는 조경가와 한 시간 이야기를 나눈 끝에 '미스김 라일락'을 비롯해 '청단풍' '불두화' '옥잠' '호스타' '맥문동'이라는 수종을 심기로 하고 북향 정원을 만든다. 나무를

다 심고 나서 조경가가 관리법을 알려주는데 그늘에서도 잘 자라는 식물이지만, 거울을 이용해 빛을 쏘이게 해도 좋다고 말한다.

"남쪽으로 비치는 햇빛을 주는 거예요"라는 말에 작가는 각도가 조절되는 탁상용 거울 세 개를 설치해 남쪽의 햇빛을 북향 정원에 나눠주는 일을 시작한다. 거울로 햇빛을 붙잡아 나무에 비춰주면, 흰 북쪽 벽에 빛의 창문이 생기고 잎 가지들의 그림자가 그 안에서 음각화 같은 형상을 만든다고 쓴다. 그 빛이 주는 아름다움을 시각적으로 느낄 수 있는 대목이다.

이 책을 읽으면서 남향만을 선호하는 보편적 경향을 다시 생각하게 되었다. 타고난 오행에 따라 공간을 디자인해야 한다고 말하는 내가 볼 때 한강 작가는 북향의 방위와 빛이 오행으로 잘 맞는 사람이라고 조심스레 추측해본다. 앞으로는 남향집이나 남향 창이 누구에게나 좋다는 생각은 접어두고, 자신에게 어떤 방향과 빛이 맞는지 고민해보자.

누군가는 자기 주거 공간이나 작업 공간에서 일도 잘되고 잠자리도 편하다고 느끼지만, 다른 누군가는 같은 일을 해도 효율이 오르지 않고 잠도 뒤척이게 된다고 말한다. 후자의 경우라면 그 공간이 자신에게 맞지 않는다는 생각을 한 번쯤 해볼 수 있지 않을까? 혹시 그 공간과 자신의 오행이 맞지 않는 것은 아닐까? 하고 말이다. 자신의 사주를 알고 오행에 맞춰서 사용하는 공간으로 디자인하면, 편안하고 집중할 수 있는 공간으로 바꿀 수 있다는 것이 바로 이 책의 핵심 내용이다.

이 책에서는 장마다 다섯 가지 오행을 나눠서 설명했다. 그리고 명리학적 해석을 곁들인 공간 디자인 사례를 들었다. 명리 초보라도 이해할 수 있도록 쉽게 풀어쓰려고 했다. 혹시라도 어려울 수 있는 명리학적 용어들은 5장의 참고 자료를 보면서 이해를 도우시길 바란다. 이 한 권으로 충족할 수 없겠지만, 그래도 명리 공간에 대한 궁금증과 갈증은 어느 정도 해소되리라 믿는다. 건축가가 알기 쉽게 풀어주는 명리 공간, 이제 그 세계로 들어가보자.

제
1
장

목(木) · 화(火)

목木 일간
갑목, 을목

다른 오행도 마찬가지지만, 나무 오행이라고 해서 말 그대로 나무에 한정해서 생각해서는 안 된다. 나 또한 처음에는 나무만을 생각해서 저지른 오류가 많았다. 단지 자연의 에너지 중에 나무의 성질과 유사한 점이 있어 나무라고 정의한 것뿐이다. 그러니 절대로 한 가지 의미만으로 정의할 수 없다는 사실을 잊지 말아야 한다.

그러면 오행으로서 목의 특성을 생각해보자. 나무에는 봄에 새싹을 틔우고 하늘로 뻗어 자라는 성질이 있다. 또한 봄에는 어떤 계절 특성이 있는지, 절기로 따져보면 시작의 힘이 강하고, 상승의 에너지, 젊은 이미지를 떠올릴 수 있다.

천간(天干) 열 글자 중에서 갑(甲)과 을(乙)이 목 오행에 해당하고, 지지(地支) 열두 자 중에는 인(寅) 묘(卯)가 있다. 이 네 글자가 나무의 속성을 나타낸다. 또 각각의 글자도 성질과 특성이 서로 다르다. 예컨대

지지에 해당하는 글자는 천간과 달리 방위(方位) 개념, 즉 방향을 나타내는 의미도 포함한다. 참고로 갑과 을은 동(東)에 해당한다.

명리학은 자연의 '시간(절기)'을 바탕으로 인간이 행동해야 할 '시기'를 파악하고자 했던 학문이다. 흔히 말하는 '사주팔자'는 네 개의 기둥(四柱)과 기둥마다 들어 있는 천간(天干)과 지지(地支)에 해당하는 두 글자를 총칭하는 말이다. 다시 말해 기둥마다 두 글자씩 들어 있으니까 '4X2=8', 그래서 '사주팔자'인 것이다. 여기서 기둥은 태어난 연월일시에 해당하는 '시간'을 뜻한다.

특히 지지는 방위와도 밀접한 관계가 있어 중요한 요소로 작용한다. 가령 이사할 시기나 자신에게 맞는 이사 방향을 잡을 때 사주를 보고 결정하는 식이다. 앞으로 오행을 설명하다 보면 계절과 방위는 계속 등장하는 개념이니 이참에 기억해두자.

절기는 계절이다. 계절이야말로 명리학에서 매우 중요한 요소다. 계절마다 성질이 달라 태어난 계절을 알면 그 사람의 특성을 알 수 있다. 따라서 사주팔자에서 오행을 이해하려면 계절과 방위를 염두에 놓아야 한다.

앞서 지지에는 열두 글자가 있다고 했는데 이를 '십이지지(十二地支)'라고 부른다. 우리가 흔히 말하는 '띠'를 떠올리면 된다. 순서대로 하면 자(子) 축(丑) 인(寅) 묘(卯) 진(辰) 사(巳) 오(午) 미(未) 신(申) 유(酉) 술(戌) 해(亥)가 되는데 달력에 맞추면 자는 12월, 축은 1월, 그리고 인은 2월, 이런 식으로 진행해 11월로 끝난다. 그렇다고 한 해의 시작이 12월은 아니고, 명리학에서는 '입춘'이 한 해의 시작이다. 앞서 설명했듯이 목은 시작의 기운이기에 한 해의 시작은 목, 다시 말해 입춘을 기준으로 인월이 시작된다. 설 명절이 1월이 아니라 2월에 있는 이유가 여기에 있다.

띠로 말하자면 목을 뜻하는 인과 묘는 한자 그대로 호랑이(호랑이 寅)와 토끼(토끼 卯)가 된다. 계절로는 입춘이 시작되는 인월이므로 당연히 봄이다. 2월은 아직 추운데 봄이라고? 이런 생각은 하지 말자. 묘월은 3월에 해당한다. 오행의 색은 녹색이다. 새싹이 돋고 나무가 자라는 봄을 생각하면 쉽다. 방위는 동쪽이다. 해가 뜨면 하루가 시작되듯이 해 뜨는 동쪽이 오행으로 목이기 때문이다.

정리하자면, 천간의 갑과 을은 갑목과 을목이라 부르고 지지의 인과 묘는 인목과 묘목이다. 색깔은 녹색이며 방위는 동쪽. 가령 갑인(甲寅)년이라고 하면 푸른 호랑이라고 부르고, 을묘(乙卯)년은 푸른 토끼가 된다. 2025년, 을사(乙巳)년을 푸른 뱀의 해라고 하는 이유가 여기에 있다.

오행적으로 목은 지향력, 분발력, 새로움, 시작, 젊음, 성장 등의 코드를 가지고 있다. 하지만 천간의 갑목과 을목, 지지의 인목과 묘목은 오행적으로 같은 목이라도 각각 특성이 다르다. 전반적으로 사주에 목이 잘 발달한 사람은 대체로 시작을 잘하고, 또 도전을 좋아하며, 밖으로 나가 사람들과 관계 맺기를 잘하는 편이다.

갑목은 음양으로 봤을 때 양(陽)에 해당하고 시작의 기운이다. 천간 중에서 첫 번째 글자이고 육십갑자로 따질 때도 첫 번째에 해당한다. 그래서인지 뭔가 크고 강한 이미지가 있다.

또한 갑목은 분출의 에너지를 갖고 있고, 직진을 나타내며 앞장서기를 잘한다. 겨울 동안 얼었던 땅을 뚫고 올라온 새싹처럼 강한 생명력을 상징한다. 한편으로는 새로움이나 천진난만한 어린이 같은 성정을 뜻하기도 한다. 그러나 유연성이 없는 게 단점이라 할 수 있다. 경쟁심리도 강해서 천간에 갑이 두 개 있으면 경쟁자로 해석하기도 한다.

앞서 말했듯이 갑은 열 개의 천간과 육십갑자 간지 중에서 첫 번째 글자이듯이 언제나 앞장서기를 좋아하고 소유욕도 강한 편이다. 물론 모든 갑목 일주가 다 그렇다는 말은 아니다. 어떤 글자들과 구성되어 있고, 글자 간의 작용 여부를 따져봐야 정확한 해석이 가능하다.

을목은 같은 목기운이고 시작을 뜻하기는 하는데 갑목과 달리 음양으로는 음(陰)의 성질이라 갑목보다는 여리고 작은 이미지를 나타낸다. 물상으로 보자면, 갑목은 막 땅을 뚫고 나오는 새싹이고 을목은 이미 자란 나무나 과실수 또는 풀 등을 떠올리면 쉽다. 따라서 지지 인목은 천간의 갑목과, 묘목은 을목과 비슷하다고 보면 된다.

갑목보다 을목은 유연하며 친화력을 비롯해 적응력이 뛰어나고 부드럽다. 갑목이 위로 성장하는 상승의 기운이라면, 을목은 옆으로 확산하는 기운으로 넓이를 장악한다. 겉모습은 부드럽고 유약하나 강인한 생명력이 있어 어디에도 적응을 잘한다. 아름다움을 추구하는 예술이나 예능 아니면 디자인 분야에 재능이 있다. 또 갑목이 시작을 잘하는 것과 달리 을목은 결과에 집중해 디테일을 만들어 낸다.

한편, 을목은 갑목을 잘 활용하기도 한다. 이를 '등라계갑(藤蘿繫甲)'이라고 하는데, 한마디로 나무를 타고 올라가는 넝쿨을 생각하면 된다. 이처럼 수평 작용만 하던 을목이 갑목을 이용해 상승 작용을 할 수 있게 된다. 따라서 을목은 갑목운이 들어왔을 때 두각을 나타낼 수 있다. 또한 사주에 토가 많은 을목에게는 갑목이 소토(疏土)*를 해주므로 큰 도움이 된다.

일간(日干)은 연월일시 중에서 태어난 날을 뜻하며, 천간 열 글자 중 하나가 나의 일간이 된다. 예컨대 갑목 일간의 경우, 태어난 날의 간지가 '갑'이므로 '갑일간'이라고 부른다. 요즘은 일간 중심으로 사주를 해석하므로 일간은 자신의 성향이나 특성을 알려주는 중요한 글자라고 할 수 있다. 과거에는 일간이 아니라 연지(年支), 즉 태어난 해를 중요하게 여겨 띠별로 해석한 적도 있지만, 이제는 세상이 바뀌어 개인이 무엇보다 중요한 시대가 됐기에 사주 해석도 이에 따라 변화해야 한다고 생각한다.

나의 경우가 바로 을목 일간인데 진월생으로 시작을 잘하고 음의 글자라 섬세하고, 디테일에 강하며, 적응력도 뛰어나다고 해석한다. 하지만 이 책은 사주 해석을 위한 책이 아니기에 오행만 간단히 설명하고 넘어가겠다.

---

* 나무가 땅에 뿌리 내려 땅을 쓸모 있게 만들거나 활용성 높게 만드는 것을 말한다.

목 일주별 특징[*]

갑자(甲子) 일주

육십갑자 중 첫 번째. 지지의 자(子)는 물(水)을 뜻하며 이 경우를 십성(十星)^{**}으로 해석하면 정인(正印)에 해당한다. 정인은 정신적 영역으로서 지식이나 생각을 모아 집중하는 힘을 말하고, 지적 수준을 따지기도 한다. 일지는 몸의 자리로 보기도 하는데 거기에 정인이라는 생각 코드가 들어 있어 행동으로 잘 옮기지는 못한다. 또한 현실감이 부족한 편이지만, 결과가 분명한 루틴대로 움직이기를 선호한다. 검증된 형태로만 공부하며 합리성을 따지는 편이라 그런 조건에 부합한 경우에만 행동한다.

갑인(甲寅) 일주

시작의 힘이 강한 갑목도 있고 절기의 시작인 인목도 있어 누구보다 초반 추진력이 강하다. 다만 끝마무리가 약한 편이니 끝까지 노력해야 한다. 미래지향적이고, 주체성이 강하며, 추진력이 있다. 강성이고 고집도 세다. 허세와 확장이 기본이라 무모한 구석도 있다.

갑진(甲辰) 일주

일간 갑목은 지지의 진토(辰은 土를 뜻한다) 덕분에 생목(生木)으로 작용한다. 재(財)로 집중한다. 진토는 갑목에 의해 소토되면서 습(濕)이 조절되어 갑목을 안정적으로 받쳐준다. 온화하고 안정돼 보이며 편안하고 무난한 편이

---

* 이 책은 본격적인 명리학보다 공간에 중점을 두고 쓰는 것으로 여기에 정리한 일주는 참고만 하기 바란다.

** 인간 관계나 사회적 성향, 재물, 명예, 지혜 등을 나타내는 열 가지 별칭.

다. 부정적으로 본다면 발전이 없거나 현실 기반이 강하다는 점을 들 수 있다.

갑오(甲午) 일주

집중력이 좋고 파괴력이 크다. 폭발적 에너지가 있고 단기전에 강하다. 사주에 수(水) 오행이 있어야 장기전이 가능하다. 감정 기복이 있는 편이다.

갑신(甲申) 일주

일지가 절지(絶支)이며, 편관(偏官)이 강해 자신을 극(剋)하므로 스트레스 지수가 높다. 사주 중 다른 글자로 관인상생(官印相生)해주거나 식신제살(食神制殺)하면 오히려 편관살이 자신의 능력으로 작용한다.

갑술(甲戌) 일주

이상이 높고 의미를 중시한다. 보수적 성향이 강하다. 외부 조건에 예민하고, 불안정하므로 주변 환경이 중요하다. 외부 조건에 따라 변화하지 않는다. 즉 유연성이 떨어지고 보수적이다. 마음에 안 들면 통째로 옮겨버린다. 자기 기준이 확고하다.

을축(乙丑) 일주

을목의 강한 생명력을 갖추고 있으며, 병화(丙火)의 기운이 절실하다. 일지가 축토(丑土), 즉 얼어 있는 땅이라 을목이 뿌리 내리기 어려워 여기저기 바쁘게 뿌리 내릴 곳을 찾는다. 그러다 보니 투쟁적이고, 전투력도 강하다.

을묘(乙卯) 일주

묘목이 을목의 근(根)*이 되며 주체성이 강하고 실무에 강하다. 토를 보면

---

* 뿌리를 뜻하며, 사주에서 근은 천간과 지지가 소통하고 있는지를 보여준다. 주로 지지의 지장간

점유하려는 욕구가 강해진다.

을사(乙巳) 일주

사화(巳火)는 다방면으로 접해서 점진적으로 다양성을 만들어낸다. 을목은 사화로 인해 긴장감을 품게 된다. 자기표현이 강하고 예술과 기술에 대한 감각이 뛰어나다. 부정적 측면이 조절되지 않으면 재주만 많고 결실이 없을 수 있다. 경쾌하고 발랄한 편이다.

을미(乙未) 일주

을목이 미토(未土)에 뿌리를 내려 가장 편안한 환경을 가진 일주라고 볼 수 있다. 대신 전투력이 약하고 게을러 보일 수 있다. 유연하고 부드럽다. 자기중심적이며 일할 때 빨리 결과를 내려고 하며 모험하지 않는 편이다.

을유(乙酉) 일주

예민하고 특별한 영성이 있다. 메신저 역할을 한다. 갑신 일주와 마찬가지로 일지가 절지이고 편관살이 강해 나를 직접 극한다. 사주 안의 다른 글자로 살인상생(殺印相生)하거나 식신제살(食神制殺)하면 편관살이 능력으로 작용한다.

을해(乙亥) 일주

결과 중심으로 사고한다. 을목이 해수 정인을 얼마나 소화할 수 있는지가 핵심이다. 해수(亥水)는 다양성이며 정인(正印)의 다양한 선택지 중에서 결과에 맞는 것을 선택하려고 망설이느라 시간이 걸린다. 하지만 일단 결정되면 결과 중심이라 빠르게 행동한다.

안에 있는 글자가 천간으로 투출되면 '지지에 근했다'라고 표현한다.

목의 공간

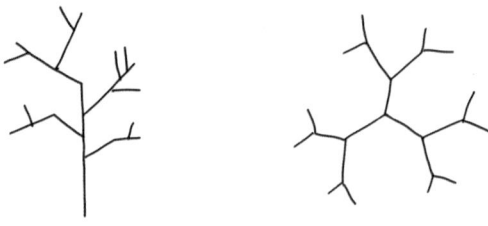

목 오행의 물상적 다이어그램

Keywords : 수직, 수평, 기둥, 순수한 어린이 같은, 지향력, 직진, 시작하는 힘, 상향지기, 신체 부위 중의 강한 힘을 부여하는 근육과 힘줄, 간/담, 행동하는 action

공간을 설계하거나 디자인할 때 어떤 공간이 시작 공간인지 생각해보면 좀 더 쉽게 목의 공간에 접근할 수 있다. 예컨대 젊고 새로운 공간은 누구를 위한 것이고, 성장하는 공간은 누구를 위한 것인지 따져보는 것이다. 이처럼 목의 오행 특성을 그대로 공간 콘셉트에 접목해보면 명리 공간적 해석이 가능하다.

　그렇다면 먼저 아이들을 위한 공간은 어떨까? 기본적으로 성장하고 호기심 많은 아이의 방과 놀이 공간이 되겠지만, 청소년이 쓰는 공간도 포함한다. 아이가 활동하는 공간은 '목의 공간'이라고 해석할 수 있다. 이때 목의 공간은 자연적 특성을 비롯해 융성함이나 성장력을 강조하는 데 중요한 역할을 한다. 적절하게 활용할 경우 건축물의 내

목 오행의 물상적 모습

부 분위기와 환경을 자연스럽고 조화롭게 만들고, 생동감과 활기를 불어넣을 수 있다.

　다음은 기하학의 기본 요소인 점, 선, 면을 떠올리면서 오행에서 목의 공간은 어떤 모습일지 상상해보면 쉽게 이해할 수 있다. 우선 목은 상승의 기운이라 수직성이 강하니 '선'적 요소로 볼 수 있다. 그렇다면 목의 공간을 간단한 다이어그램으로 만들어보자. 공간은 좌표로 설정할 수 있는 삼차원 영역이므로 상하 좌우에 위치 에너지가 있다. 따라서 목 개념으로 공간을 디자인할 때 지향성이나 상승의 기운을 담아 구현하게 된다. 이때 직선이나 곡선, 높이와 넓이를 디자인의 요소에 반영할 수 있다.

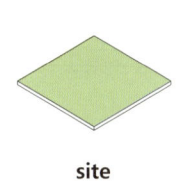

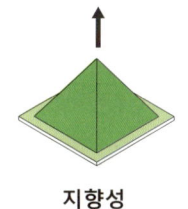

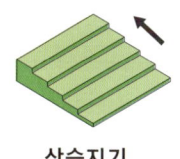

site   지향성   상승지기

갑목은 직선이나 높이로 설명할 수 있고, 을목은 곡선이나 넓이로 표현할 수 있다. 이런 기하학적 개념을 명리 공간의 디자인 요소로 적용할 수 있다. 예를 들어 계단이나 옥탑, 발코니 등이 있고, 건물로 따지자면 갑목이 빌딩이나 아파트라면, 을목은 단독주택이나 타운하우스로 분류할 수 있다.

또한 목의 기운은 관계를 맺게 한다. 그림처럼 각각의 건물이 있다면 복도나 통로를 설치해 연결할 수 있다. 그렇게 하면 관계 맺기가 일어나 커뮤니티가 형성된다. 이처럼 목의 지향성은 연결하고 관계하는 개념으로 이해할 수 있다.

오행을 이미지화한 것을 물상(物像)이라고 하는데 말 그대로 물체의 상(image)이라는 뜻이다. 목의 물상은 갑목의 경우 소나무나 새싹처

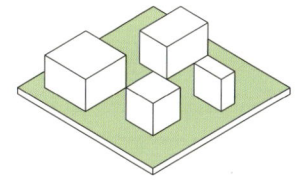
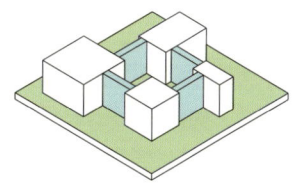

다이어그램으로 표현한 목의 공간

그리스 파르테논신전

럼 위로 뻗으며 시작되는 이미지라고 할 수 있으며 을목의 물상은 화초나 선이 유연한 풀이다.

기하학적 일차원 요소인 선을 목의 공간 요소로 본다면, 이차원 요소는 건축 재료나 가구처럼 공간을 꾸미는 데 필요한 요소를 들 수 있다.

그리스 신전은 기둥과 지붕의 단순한 구조로 되어 있다. 여기서 수직적 부재(部材)인 기둥이 목의 요소이다. 파르테논신전은 황금비례 건축으로 유명한데 기둥 구조를 안정적으로 보이게 구축했다. 인간이 본능적으로 안정을 느껴왔던 숲과 나무의 구조에서 착안한 건축이다.

하늘을 향한 염원을 담아 신에게 바치는 가장 성스러운 공간은 모두 수직의 요소를 포함한다. 그리스 신전뿐 아니라 한국을 비롯한 중

국, 일본 등 동아시아 옛 건축에는 모두 기둥을 수직 요소로 사용하고 있음을 알 수 있다. 예컨대 궁궐이나 사찰 또는 한옥도 수직 요소인 기둥을 포함한다. 이때 벽은 공간을 나누고 추위나 더위를 피하게 해주는 장치로 사용될 뿐 사실상 건축의 핵심은 지붕과 기둥이다. 정자나 누각을 떠올려보면 금세 알 수 있다.

경회루 지붕은 궁궐 건축 양식에서 볼 수 있는 팔작지붕*인데 마치 하늘로 날아갈 것 같은 가벼운 느낌을 준다. 물론 구조적으로 하중이 크겠지만, 적어도 시각적으로는 가벼워 보이게 하려고 노력한 흔적이 엿보인다. 이런 것도 목의 공간으로 해석할 수 있다. 기둥과 지붕에서

....

* 팔작(八作) 지붕, hip-and-gable roof : 지붕 위에 까치 박공이 달린 삼각형 벽이 있는 가옥의 지붕 구조.

발산하는 위를 향한 기운과 하늘과 가깝게 맞닿아 있는 듯한 모습이 나무를 닮았다.

정리하자면 목의 공간은 시작의 공간이자 아침의 공간이고 위를 향한다. 방위로는 동쪽을 나타내며 색으로는 오방색 중 푸른 계열(청)에 해당한다. 마감재로 따지자면 목재와 종이계열이라고 할 수 있다. 나무로 만든 가구도 마찬가지로 목의 공간 요소로 해석한다.

목이 부족/과다할 때

목 오행이 부족한 사주가 있듯이 목 오행이 많은 사주도 있다. 목이 과다한 경우를 목왕(木旺) 사주라고 하는데, 목 기운을 눌러 힘을 조절해야 한다. 목 오행에서 갑목은 어린나무이고 을목은 성장이 끝난 나무다. 따라서 을목은 수평적으로 확산하기를 원하고, 갑목은 수직적으로 성장하기를 바란다. 이것이 갑목과 을목의 큰 차이점이다.

일반적으로 성장 시기인 유년기와 청소년기에 목의 특징이 가장 크게 두드러진다. 따라서 아이나 청소년이 쓰는 방에 목 기운이 넘치면 목 과다로 학업에 집중력이 낮아질 수 있다. 이런 경우 명리 공간 디자인으로 목 기운을 조절해야 한다. 이와 반대로 사주에 목이 부족하면 행동하려는 의지가 약하거나 새로운 일을 시도하려 해도 잘되지 않는다.

그렇다면 사주에 목이 부족한 사람에게는 어떤 공간이 유리할까? 우선 방의 위치가 동쪽이거나 동쪽에 창이 나 있는 공간을 사용하는게 좋다. 목 오행은 계절로는 봄을 뜻하고 방위는 동쪽을 대표한다. 그러므로 창을 동쪽으로 내 아침 햇살의 기운을 강하게 받는 것이 좋다. 만일 방을 임의로 선택하기 어려운 상황이라면 침대의 머리 방향을 동쪽으로 둔다거나 학생이라면 책상의 방향을 동쪽으로 향하게 해주면 좋다.

목의 공간으로 디자인한 사례

　　또한 벽지의 포인트 색을 녹색 계열로 해주거나 플랜테리어*를 해
주면 좋다. 아침 일찍 동쪽 창을 향해 떠오르는 태양의 기운을 받으며
기지개를 켜는 것도 도움이 된다. 주택을 짓게 된다면 실내는 우드 계
열의 재료를 활용해 한쪽 벽면에 포인트를 준다거나 가구도 목가구를
선택하면 좋다.

* 플랜트(plant)와 인테리어(interior)의 합성어로 식물과 조경으로 인테리어 하는 방법을 의미한다.

목의 공간으로 디자인한 사례

한편, 목의 공간은 목 기운이 부족한 사람뿐 아니라 목 기운은 있지만, 화(火) 기운이 약한 사람에게도 좋다. 목생화(木生火)가 이루어지기 때문이다. 목생화란 의지나 기획력은 있지만, 끝까지 해내는 힘이 없을 때 필요한 오행의 생극제화(生剋制化) 개념 중 하나다. 다시 말해 목생화 공간은 일하는 과정이 힘들어도 행복하게 해낼 수 있는 기운을 보충해준다.

시주	일주	월주	연주
정재	본원	상관	상관
辛	丙	己	己
卯	申	巳	未
정인	편재	비견	상관
甲乙	戊壬庚	戊庚丙	丁乙己
목욕	병	건록	쇠

목이 약한 사주

위의 사례를 보면, 목은 시주에만 하나 있고 연주(年祿), 월주(月柱)에는 토가 많다. 목이 부족하고 토가 왕(旺)한 전형적 사주라고 할 수 있다. 이런 명식에서 토는 십성으로 따질 때 상관(傷官) 작용을 하므로 정인인 목을 써서 상관패인(傷官佩印)*이 일어나게 해야 한다. 그러려면 목 기운을 보충해 토 기운을 약화시켜야 하는데, 그럴 때 목의 공간이 도움이 된다.

오른쪽 사진에 보이는 주택은 용산구 회나무로에 있는 주택인데, 목의 공간으로 좋은 사례라고 할 수 있다. 중정을 만들고 톱라이트를 설치해 지하 3개 층 깊이까지 채광이 되게 했다. 또한 나무를 심어 목

---

* 문자 그대로 해석하면 상관이 정인을 갖췄다는 뜻인데 쉽게 말해 상관 코드를 좋게 작용시키려면 정인, 즉 문서나 자격을 갖춰야 한다는 의미. 참고로 상관이란 정관을 공격하는 기운이다.

기운을 더하는 조경까지, 정말 멋지고 훌륭한 공간 연출이다. 그 덕분에 지하인데도 어둡지 않을뿐더러 하늘까지 볼 수 있고, 하늘로 뻗어 올라가는 나무의 기운과 톱라이트를 통해 은은히 들어오는 자연광이 목생화 공간을 완성시켰다.

이처럼 목생화 공간을 염두에 두고 설계하는 것이 제일 좋겠지만, 지금 사는 집에 이런 공간이 없다면 화분을 놓아두는 것이 도움이 된다. 전에 카페를 운영한 적이 있는데, 적성에 맞지 않았는지 3년 내내 고생하다가 결국 부동산에 가게를 내놓았다. 하지만 아무리 기다려도 임자가 나타나지 않았다. 그때 친하게 지내던 근처 화원 사장님이 계셨는데 그분의 도움을 받아 카페에 플랜테리어를 했다. 그리고는 적임자가 나타나 카페를 처분할 수 있었다. 당시에는 플랜테리어 덕분에 계약이 성사됐다는 생각을 하지

지하의 중정에서 뻗어 올라가는 목의 공간

필자가 운영했던 플랜테리어로 꾸민 카페의 모습

못했는데 돌이켜보면 목 기운이 작용했던 덕이 아니었나 싶다.

　이처럼 목의 에너지가 절실한 공간에는 화분이라도 두거나 아니면 좀 더 적극적으로 플랜테리어를 하면 도움이 된다.

목의 공간으로 개운하기

다음과 같은 사주는 명리 공간으로 개운할 수 있다. 단, 목 오행이 기신으로 작용하지 않는 경우에만 적용할 수 있다.

수 일간인데 목이 없는 사람(식상이 없는 경우)

식상(食傷)*은 스스로 움직여 결과를 내는 운을 말한다. 사주에 수 기운이 강한데 목이 없으면 수 기운이 뻗어 나갈 관로가 없는 것이다.

토 일간인데 목이 없는 사람(관성이 없는 경우)

관성(官星)은 자신을 보호하는 틀이다. 토 일간이라면 목 기운이, 관성에 해당하는 목 기운이 없다면 관성이 없는 것이다. 이런 경우 목으로 소토(疏土)를 해야 한다. 목이 없으면 생각이 많거나 고집이 세다.

화 일간으로 목이 절실한 사람(인성이 없는 경우)

인성(印星)은 도장, 엄마, 자격증 같은 코드로 자신을 생해주는 기운이다. 화 일간의 경우 목 오행이 바로 인성에 해당한다. 따라서 화 일간에 목이 없으면 자신을 생해주는 기운이 없어 신약한 사주로 본다.

------

* 사주명리학에서 식신(食神)과 상관(傷官)을 아울러 이르는 말로 일간(나 자신)이 생하는 오행을 의미하며 표현력, 재주, 창의력, 자식 등을 상징한다.

목 일간인데 지지에 근이 없는 사람(비겁이 없는 경우)

비겁(比劫)은 또 다른 나를 말한다. 형제, 자매, 친구, 경쟁자 코드로 해석하는데, 목 일간의 경우 사주에 목 오행이 없다면 비겁이 없는 것이다. 특히 지지에 목 오행이 없다면 일간이 뿌리내리지 못해 신약 사주로 본다.

금 일간인데 목이 없는 사람(재성이 없는 경우)

재성(財星)은 목표, 계산, 결과 등을 의미하는데, 무재성이면 뚜렷한 목표 없이 일한다.

목 오행을 물상으로 표현

개운을 위한 명리 공간 조성법

형태 : 갑목의 공간은 위로 수직적인 형태(직선, 수직)
　　　 을목의 공간은 수평으로 펼쳐지는 형태(곡선, 수평)
공간 요소 : 동향으로 창이 나 있는 방, 창, 취미실, 운동실, 화단 등
　　　　　 계단, 천창, 트리하우스, 옥탑방
구조 : 목 구조
방위 : 북동, 동, 동남
색상 : 푸른색, 청색, 그린 계열
재료 : 목재
숫자 : 3, 8

모든 오행은 에너지다. 목 오행의 특성은 움직임, 시작, 새로움, 순수한 어린이다. 목은 시작하는 에너지, 가만히 있다가 갑자기 시작하는 충동적인 에너지다. 뭔가 가만히 있는 것에 에너지 불어넣기를 잘한다. 뭔가 잠든 것 깨우기를 잘한다.

목이 부족하면 그런 에너지를 얻기 위해 아침에 일어나 스트레칭으로 세포를 활성화시켜라. 목은 생명력이다. 목은 신경, 혈관, 간을 의미하므로 운에서 목을 극하는 기운이 강하게 들어올 때 주의하는 것이 좋다.

화火 일간
병화, 정화

화는 한자로 불 화(火) 자를 쓴다. 말 그대로 불이 화 오행의 물성을 가장 유사하게 갖췄기 때문이다. 사주에서 불은 빛과 열로 나눈다. 불이라고 해서 활활 타오르는 불만을 의미하지 않는다. 태양도 불이지만 달 또한 불이다.

화 오행은 사방으로 퍼지는 에너지여서 분산력, 팽창력, 확장력 등을 의미한다. 요즘 시대에 어울리는 표현으로 해석하자면, 네트워크로 관계 맺고 빠르게 번지며 확장하는 것을 말한다.

화는 물상으로 태양과 달을 들 수 있다. 다만 정오의 태양과 한여름에 작열하는 태양은 빛이 아니라 열로 해석하기도 한다. 따라서 사주의 다른 글자와 어떻게 구성되는지를 보고 빛으로 작용하는지 열로 작용하는지 따져봐야 한다. 다시 말해 사주팔자 중에 화 오행이 많다고 해서 모두 불로 해석해서는 안 된다는 것이다. 천간에는 병(丙)

화와 정(丁) 화가 있고, 지지에는 사(巳) 화와 오(午) 화가 있다. 명리학에서 말하는 오행은 절대적으로 정해진 개념이 아니어서 이분법적으로 정확히 나눌 수 없다. 따라서 앞서 말했듯이 병화를 무조건 빛으로 볼 수 없다. 색상은 당연히 붉은색을 떠올릴 것이다. 방위는 남쪽이고 계절로는 여름에 해당한다.

병화 일간의 특성은 빛처럼 발산하는 경향이 있고 밝은 편이라는 것이다. 또 태양이 만물에 공평하게 빛을 비추면서 모든 것을 드러나게 하듯이 병화는 매사에 공평하고, 베풀기 좋아하며, 밝고 적극적이다. 또한 친화적이고 사교적이며 호기심이 충만하다. 다만, 성격이 급하고 쉽게 싫증을 내는 면도 있다. 토가 부족할 경우 생각 없이 말해놓고 후회하는 일이 흔하다. 아울러 태양이 빛으로 나무를 자라게 하듯이 병화도 무언가를 잘 자라게 하는 데 소질이 있는 편이다.

반면, 정화는 병화와 달리 인공적인 화로 간주한다. 인간이 발견한 화, 발명한 화라고 정의할 수 있다. 정화 일간은 겉은 조용하고 침착하나 내면에는 폭발적인 열정을 담고 있다.

병화가 전체성의 빛이라면 정화는 목적이 있는 빛이다. 특히 정화는 사주에서 빛으로 작용하는지 열로 작용하는지 세심히 살펴야 한다. 빛으로 작용하는 정화와 열로 작용하는 정화는 쓰임이 다르다. 전자는 병화처럼 빛에 해당하지만, 대상을 간접적으로 비춘다. 또는 특정 대상에만 빛을 비추거나 가르치는 역할을 한다. 그래서 직업적으로는 교육 코드가 있다고 보기도 한다. 그러나 열로 작용하는 정화를 가졌다면, 목표를 세우고 한 대상에 집중하는 직접적, 기능적, 전문적 코드가 있다고 본다. 다시 말해 무언가에 집중하는 힘이 강하고, 기술적으로 무언가를 만들거나 목적을 세우고 행동하는 힘이 있다.

정화는 깔끔한 외모에 부드럽고 성실하며 차분한 성격의 소유자다. 너무 진지해서 융통성이 없을 때도 있으니 주의해야 한다.

화 일주별 특징

병자(丙子)

일지에 있는 자수(子水)가 병화에 정관으로 작용해 자기중심이 뚜렷하고 자신만의 틀을 갖춘다. 또 자기합리화를 잘한다. 기본적으로 자신만의 프레임이 강해 자신이 옳고 상대방은 틀렸다고 생각하는 경향이 강하다. 하지만 병화가 자수에 한정되어 불만족스럽다.

병인(丙寅)

상승하려는 목생화 에너지가 강해 사상적·종교적이고, 판타지 성향이 있다. 위에서 내려다보려는 경향이 강하며 자존감도 높다. 매여 있는 현실이 스트레스이다. 일지의 인목은 편인(偏印)으로 작용해 직관력이 좋고 감각적 아이디어를 내게 하지만, 휘발성이 강하고 지속적이지 못하다. 따라서 메모하는 습관이 도움이 된다.

병진(丙辰)

병진 일간의 경우는 일지의 진토(辰土)가 중심이 되어 병화의 기운이 설기된다. 쉽게 말해 병화의 기운이 빠져나간다는 뜻이다. 이때 진토는 식신으로 작용하는데, 현실적인 적용 능력이 탁월해 원래 용도에 맞지 않더라도 상황에 맞게 변용해서 쓴다. 부정적인 요소라면 오지랖이 넓다는 점을 들 수 있다. 활동 영역이 넓고 펼치는 습성이 있어 정리정돈에 신경 써야 한다.

병오(丙午)

외화내빈(外華內貧)을 조심해야 한다. 오화(午火)인 양인(羊刃) 겁재가 나의 근기인지를 살펴봐야 한다. 겉으로는 예의가 바르고 싹싹하다. 혼자 있을 때 공허함이 크기에 내면을 채우는 노력이 중요한데, 그럴 때 필요한 것이 목 오행이다. 단, 수 오행을 동반해야 한다.

병신(丙申)
통찰력이 있고 전체를 파악하는 능력이 있다. 그러나 통이 커서 과시와 허세가 있을 수 있다. 즉 밖으로만 에너지를 쓰면 외화내빈이 될 수 있으므로 목과 토 오행이 필요하다.

병술(丙戌)
영역이 규정되어 있다. 높아져 있고 혼자 외롭게 있다. 일정한 규칙이나 패턴이 있다. 무질서하게 물건을 늘어놓는 성향이 있어 정리정돈 습관을 들여야 한다. 또한 좋아하는 일은 일관되게 끝까지 하려고 한다. 따라서 섞이지 않는 고유성을 유지하는 일이 중요하다.

정축(丁丑)
일지 축토(丑土)가 정화(丁火) 일간을 설기(洩氣)하는 형태이다. 여기서 정화는 대체로 빛으로 작용한다. 스스로 잘난 줄 알고 전투적 기질이 있다.

정묘(丁卯)
일지 묘목(卯木)이 편인으로 하나에 몰입하거나 고집이 세다. 반면, 매사 주도면밀하고 기민해 전문성을 갖출 수 있다. 단, 자가당착 가능성이 있으니 주의해야 한다. 또한 사주가 습하면 그릇된 생각을 품을 수 있으니 잘 살펴야 한다. 정화는 목을 생하는 불인데, 젖은 장작을 피워야 하는 작은 불씨와도 같아서 장작이 말라야 잘 타는 법. 잘못하면 정화가 꺼질 수 있으니 주의해야 한다.

정사(丁巳)

일지 재의 자리에 사화(巳火)가 겁재가 있어 재에 대한 대응 능력이 탁월하다. 겁재 이용을 잘하는 편이라 겁재 활용을 잘하면 돈을 벌기 쉽다. 목적하면 이루기 좋다.

정미(丁未)

지지 미토 지장간(地藏干)*에 일간인 정화가 뿌리내리고 있어 자기 주도적이다. 자신의 감정과 주변 조성을 잘 풀어내 친근하고 온화하다. 하지만 약간 들뜨기 쉽고 소요나 소란이 있으며 지속하거나 집중하기 어렵다.

정유(丁酉)

일간의 정화가 지지 유금(酉金)을 극하고 있어 대상에 대한 목적을 분명히 해서 목적을 잘 이루는 전문직이나 특수한 직업이 잘 맞는다. 직관과 통찰력이 뛰어나며 개성이 강하고 독특한 면이 있다. 일지 편재를 직관적으로 다루지만 각별하다. 편재의 유흥 코드가 강하고 먼저 좋아하려는 경향이 강하다. 수 오행이 있으면 안정적이다.

정해(丁亥)

일지 해수(亥水)가 정관이지만, 암합(暗合)이라 우유부단할 수 있고 수가 약하면 규칙이 무너질 수 있다. 남에게 보이는 모습을 중요하게 여기고 자기합리화가 강하다.

---

* 명리학에서 12 지지(地支) 속에 숨겨진 천간(天干)의 기운을 말한다.

화의 공간

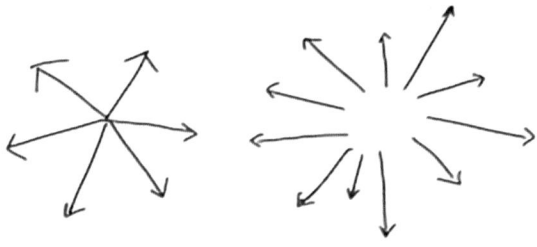

화 오행의 물상적 다이어그램

Keywords : 발산력, 확산, 교류, 드러냄, 팽창, 분열, 다양한 관계 맺음, 네트워크, 무정형성, 비선형성, 심장, 혈액

목이 한 방향으로 뚫고 가는 힘이라면, 화는 사방으로 퍼지는 기운이다. 분산력, 팽창력, 확장력이다. 빠르게 번져 나가면서 관계를 계속해서 확장하려고 한다. 불 모양을 단정하거나 확정하기 어렵듯이 화는 한곳에 머물지 않고 계속해서 변하려고 한다. 예를 들어 시장이나 마트 같은 곳이 화의 대표적 공간이다. 여러 사람이 모여 주고받거나 사고파는 행위가 일어나는 공간을 '화의 공간'이라고 할 수 있다.

또 화의 공간은 열정과 활기, 창조성을 강조할 때 중요한 역할을 할 수 있다. 적절히 활용하면 건축 공간을 활기찬 환경으로 바꿔주고, 창조적 분위기를 조성해준다. 사람들의 열정과 창의력을 자극하기 때문이다. 수많은 관계처럼 보이지만 서로 관계없는 '무관계의 관계성'을

맺고 있는 상태가 화의 모습이다.

오행은 계절로는 여름, 시간으로는 오전 아홉 시부터 오후 세 시까지를 말한다. 물상으로 떠올리면 태양, 달, 촛불, 레이저, 조명 등을 들 수 있다. 빛은 사방을 밝히듯이 발산의 의미가 가장 크고, 열로 작용할 때는 적극적이고 직접적이라고 해석한다. 예를 들면 쇠를 녹일 때 용광로가 필요한 것과 마찬가지다.

건축 공간에서 빛은 매우 중요한 요소다. 건축에서 빛은 직접 끌어들이는 방법도 있고 간접적으로 끌어들일 수도 있다. 아울러 자연광과 인공광으로도 나눌 수 있다. 따라서 설계할 때 태양의 고도나 향은 매우 중요하게 고려해야 할 조건이다. 빛은 시간에 따라 각도를 달리하며 들어오므로 공간을 구획할 때 우선순위를 두고 검토해야 한다.

화의 공간을 시각적으로 그려볼 때 공기가 가득 찬 풍선을 떠올리면 된다. 그리고 화의 개념은 발산과 확산인데, 불의 형상을 상상하면 이해하기 쉽다. 하지만 그런 이유로 위치 에너지로 표현하기는 어렵다. 가장 가까운 형상을 기하학 도형으로 상상할 때 구와 역삼각형을 들 수 있겠다. 여기서 주의할 점은, 수 오행이 나타내는 구의 모습이 응집하는 에너지로서 구 형상이라는 사실이다. 화 오행은 앞서 말했듯이 풍선처럼 안에서 밖으로 팽창하는 모습에 방점이 있다는 차이에 주목해야 한다.

현재의 건축 기술로는 지구에서 중력 법칙을 무시하고 건물을 세우기 어렵다. 다시 말해 건물을 역삼각형 형태로 디자인하는 경우는

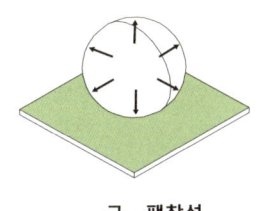

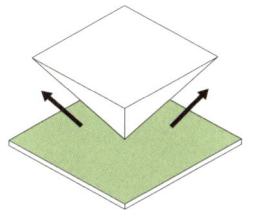

구 - 팽창성   **역삼각형 - 확장성**

화의 물상 다이어그램

거의 없다. 하지만 화 오행의 개념상으로는 가장 가까운 모습의 건축일 것이다. 먼 미래에는 중력 법칙에서 벗어난 건축이 가능해져 화의 물상을 표현할 수 있을지도 모르겠다.

이처럼 화 오행은 형태로 구현하기 어렵지만, 빛이라면 상황이 달라진다. 조명으로 병화(丙火)와 정화(丁火)를 구분해서 화의 공간을 디자인할 수 있기 때문이다. 병화는 태양의 물상으로 언급되듯이 주로 자연 채광에 가깝고 개념적으로는 자연스럽게 노출되는 것을 말한다. 반면, 정화는 인공적으로 빛을 만드는 조명 디자인이라고 보면 된다.

아울러 화의 성질을 잘 나타내주는 개념으로는 네트워크를 들 수 있다. 요즘에는 인터넷이나 SNS처럼 온라인상의 네트워크도 포함한다. 방향성도 없고 볼 수도 없지만, 서로 연결된 모습이 마치 노마드의 정주 개념과 비슷하기 때문이다.

조명 말고 채광을 위해서 할 수 있는 요소는 창호다. 벽의 개구부를 활용해 자연 채광을 할 수 있는 매우 중요한 요소다. 천창을 둘 수도 있고, 측창이나 고창 등 다양한 방식으로 디자인할 수 있다. 채광은 인간의 삶에 매우 중요하다.

　미국 현대 건축가 스티븐 홀(Steven Holl)은 건축적 현상학을 주장하며 공간을 디자인하기로 유명하다. 건축 공간을 신체적 경험과 감각적 경험을 통해 현상학적으로 표현하는데, 핀란드 헬싱키의 키아즈마 미술관은 그를 현상학적 공간의 대가로 만들어준 대표 작품이다. 그는 자신의 책 『홀: 스티븐 홀 빛과 공간과 예술을 융합하다(Architecture spoken)』(2007)에서 키아즈마 미술관이 현상설계에 당선되고 건축되는 과정을 소개했는데, 당시 현상학 철학자 메를로 퐁티의 『가시성과 비가시성(Le Visible et l'Invisible)』을 읽고 공간적 교차에 관한 내용과 안구의 시신경의 교차 개념에서 착안해 설계했다고 한다. 건물 공간을 이동하는 몸과 자연광의 개념을 담는 그릇으로 만들려고 6개월간 치열하게 노력했다고 한다. 그런 과정 끝에 탄생한 키아즈마 현대 미술관은 그가 추구하는 철학과 감각이 균형을 이루고 있어 성공한 작품으로 평가받는다.

　입구를 지나면 전시 공간 사이마다 배치된 다양한 체험 공간이 눈에 띈다. 방문자의 움직임에 따른 시점 이동과 현상을 연관지어 촉각과 시각이 공존하는 공간을 만들어냈다. 공간 안에서 있을 법한 관찰자의 경험을 예측해 보여주는 여러 스케치 장면은 관찰자에게 다양한 층위의 지각 공간으로 다가가게 해준다.

　램프의 동선과 분절된 벽면은 다양한 재질(texture)로 만들어 빛에 따라 대조적인 느낌이 들게 했다. 또한 벽면은 3차원으로 휘어지게 설계해 빛의 변화에 민감하게 대응할 수 있게 처리했다.

키아즈마 미술관의 내부 램프 공간

　램프가 끝나는 지점은 두 개의 이질적 볼륨이 통합되는 영역으로 여기서 직선 램프 동선과 나선 모양 계단 동선이 충돌해서 공간에 역동성을 만들어낸다. 헬싱키의 지역적 특징은 북유럽 수평 자연광이라고 한다. 이 건물은 살짝 구부러진 모습으로 각 실의 형태와 크기가 조금씩 다르다. 그런 설계 덕분에 자연광이 서로 다른 방향에서 다양하게 들어온다.

　미술관 건축에서 자연 채광은 매우 중요한 요소인데, 빛의 각도나 시간까지 고려해 어느 공간이나 서로 같은 느낌이 없는 새로운 미술관을 설계한 것이다. 이처럼 건축에서 빛으로 연출하는 방식을 명리 공간에서는 화로 규정한다.

그 밖에도 화 오행을 느낄 수 있는 공간은 영화관이나 시장을 들 수 있다. 오행을 설명할 때 이미 언급했듯이 화는 빛을 의미하기도 하는데, 특히 정화는 인류가 발명한 인공의 빛으로 정화의 빛이 가장 잘 발현하고 또 그것을 체험할 수 있는 공간이 바로 영화관이다. 한편, 시장은 다양한 사람과 상점으로 이루어져 여러 관계가 마치 화가 발산하는 모습처럼 생성되기에 화의 공간으로 해석한다.

옆의 사진은 부산에 있는 한 클럽인데 대표적 화의 공간으로 들 수 있다. 많은 사람이 모이고 음악이 크게 울리면서 화려한 조명이 연출되기 때문이다.

화 오행의 특성은 자신의 에너지를 발산하고 표현한다는 것이다. 만일 자신의 주거 공간을 화의 공간으로 연출하고 싶다면, 영화 감상실이나 운동 공간 등을 만들어 부족한 화의 에너지를 충족할 수 있다. 또한 거실이나 가족이 모이는 주방의 식탁 공간도 화의 공간으로 포함할 수 있다.

가령 목 일간인데 화 오행이 부족하다면 본인이 좋아하는 취미나 운동을 할 수 있는 공간을 확보하면 도움이 된다. 목 일간에 화 오행은 십성으로 따질 때 발산하거나 표현하는 코드인 식상에 해당하기 때문이다. 즉 이런 식상의 기운으로 화 오행의 부족을 완화하는 이치다.

공간을 따로 만들기 어렵다면, 붉은색으로 한쪽 벽에 포인트를 주거나 붉은색 계열 소품을 인테리어 요소로 두면 도움이 된다. 간접 조명으로 연출하거나 포인트 조명을 설치하는 것도 방법이다.

영화관

클럽 그리드

화가 부족/과다할 때

사주팔자 중 화 오행이 하나도 없거나, 있더라도 지지에 화 오행이 없어 통근하지 못한 경우라면 화가 부족하다고 본다. 또 수 오행이 많아 그나마 있는 화를 극한 경우도 마찬가지다.

앞서 화 오행은 밖으로 발산하는 기운이며, 병화와 정화로 구분할 수 있고, 병화는 자연의 빛, 정화는 인공의 빛 또는 열이라고 설명했다.

또 화 오행은 드러내는 성질이 있어서 일간이 병화라면 어디서나 눈에 띈다는 특징이 있다. 사주에 화가 없으면 남에게 드러나게 행동하는데 관심이 없거나 튀는 행동을 해도 남들이 알아주지 않는 경우가 흔하다. 성격이 조용한 사람이면 오히려 불편할 수도 있지만, 사회생활을 할 때 본인의 성과가 드러나거나 남이 알아주는 일이 없어 억울할 수 있다. 이와 반대로 화 오행이 너무 많거나 왕(旺)하면 결과를 내기보다는 일만 벌이고 정리를 제대로 못 하는 부작용이 있을 수 있다.

옆 페이지의 사주는 경금(庚金) 일간이지만 지지는 화로만 이루어졌다. 자신을 다루려는 관성만 가득한 형국이다. 이런 경우에는 일간인 자신을 쉬게 해주는 수 오행이 매우 중요한데, 다행히 천간에 식신인 임수(壬水)가 있어 쉬게 해주고 새롭게 만들어준다. 이처럼 아무리 화 오행이 많아도 임수 하나만 있어도 어느 정도 해결할 수 있다. 하지만 이런 사람이 수의 공간에서 산다면 더욱 도움이 될 것이다.

시주	일주	월주	연주
식신	본원	식신	정재
壬	庚	壬	乙
午	午	午	巳
정관	정관	정관	편관
丙己丁	丙己丁	丙己丁	戊庚丙
목욕	목욕	목욕	장생

화가 과다한 사주

목 오행의 경우에는 절대적으로 화 오행이 있어야 한다. 그렇지 않으면 위로 자라야 할 나무가 음지 생물처럼 옆으로만 퍼지게 된다. 이런 자연의 원리를 자신의 사주에 대입해보면 쉽게 이해할 수 있다.

따라서 화 오행이 너무 많으면 그 에너지를 감소시키는 공간 디자인이 필요하고, 부족하면 화 오행을 공간 디자인으로 풀어주면 개운이 된다. 명리 공간이 필요한 이유가 여기에 있다.

한편, 화 오행은 수 오행으로도 조절할 수 있지만, 불이 났을 때 물보다 소화기 같은 가루로 덮는 편이 화재 진압에 효과적이듯이 토 오행이 있으면 좋다.

다음 페이지의 사주에는 화에 해당하는 글자가 하나도 없다. 그래서 그런지 드러내는 것이 참으로 부족하다.

화 오행은 경계 없이 골고루 빛을 비추면서 퍼지는 운동을 하기에

시주	일주	월주	연주
편재	본원	정재	편재
己	乙	戊	己
卯	丑	辰	酉
비견	편재	정재	편관
甲乙	癸辛己	乙癸戊	庚辛
건록	쇠	관대	절

화가 부족하거나 결핍인 사주

토 오행으로 경계를 만들어주면 화생토(火生土)가 이루어져 땅이 단단
해진다. 이처럼 화와 토는 상생의 관계에 있다. 따라서 사주에 화 기운
이 많고 발산만 하는 사람이라면 토의 공간을 조성해 안정감을 찾아줄
필요가 있다. 아니면 금의 공간을 둬서 화극금(火克金)이 되게 하면 일
을 효율적으로 할 수 있다.

반면에 화 오행이 없거나 부족한 사람에게는 화의 공간이 필요하
다. 만일 화의 공간은 있는데 목 기운이 약하다면 이것도 같이 생길 수
있게 화의 공간과 목의 공간을 함께 조성하면 효과가 더욱 좋아진다.

화 기운이 필요한데 당장 공간 조성이 어렵다면, 우선 땀 흘려 운동
할 것을 권한다. 화 오행은 신체 장기 중 심장을 주관하므로 땀을 흘릴
정도로 운동하면 심장에 화 기운이 보충된다.

화는 태양처럼 어디서든 보이고 특별히 찾지 않더라도 존재가 느

껴진다. 그런데 이 사주는 화에 해당하는 글자가 없다. 또 식상에 해당하는 화 오행이 없어 일간인 을목 자신을 드러내고 표현하는 데 어려움을 겪는다.

글을 쓰거나 그림을 그리는 것이 바로 자신을 드러내는 활동인데, 화 기운이 거의 없으면 글쓰기처럼 자신을 표현하는 행위를 망설이고 부끄러워한다. 하지만 자기 사주를 볼 줄 안다면, 이럴 때 자신이 왜 그런지 알 수 있어 부족한 기운을 미리 채우려고 노력할 것이다. 다시 말해 오히려 이런 경우일수록 글을 쓰거나 그림을 그리는 등 자신을 드러내는 행위에 몰입해 식상을 써야 한다.

화 기운에는 퍼져 나가고 드러내는 성질이 있어서 화 일간의 경우는 그 자체로도 식상의 역할을 하기도 하지만, 다른 일간의 경우에 화 오행은 사주 구성에 따라 다르게 작용하므로 단순하게 말하기는 어렵다.

목생화의 공간을 보여주는 대표적 사례로 밀양의 영남루(嶺南樓)를 들 수 있다. 조선시대 밀양도호부 객사에 속했던 이 건물에서 관리들이 손님을 맞거나 휴식을 취했다. 밀양강을 앞에 두고 팔작지붕을 뽐내는 우리나라 전통 누각이다. 전통 건축 목 구조 형식을 그대로 따르고 있으며 정면 5칸, 측면 4칸으로 누마루를 높여 웅장하고 시원한 느낌이 든다. 한때 영남 제일의 문인들이 서로 자신의 시와 문장을 뽐내며 현판에 글을 새겨 그 수가 300점이 넘었다고 한다.

영남루에 올라 밀양 시내를 내려다보니 유유히 흐르는 밀양강이 시원한 바람을 전해 시가 절로 나올 것만 같다. 밀양 강변에 우뚝 솟은 기품 있는 모습을 보니 영남루야말로 수생목(水生木)의 공간이자 목생

영남루

화의 공간임을 알 수 있다.

한편, 예로부터 누마루는 서원 건축에서도 자주 사용한 양식인데, 갑목의 공간으로 해석할 수 있다. 갑목 중에서도 사목(死木)에 해당하며 이상을 높이고 의미와 명예를 중시하는 선비 같은 기품이 느껴지는 공간이다.

명리학에는 '태과불급(太過不及)'이라는 말이 있다. 앞서 언급했듯이 너무 과하거나 부족한 상태를 의미한다. 따라서 많은 것은 덜어내고 부족한 것은 채워야 균형을 찾을 수 있다. 사주 용어로 이를 '억부 (抑扶)'라고 하는데, 명식을 해석할 때 매우 중요한 요소다.

영남루에서 바라본 밀양강

스스로 자기 사주를 볼 수 있다면, 자신에게 무엇이 부족하고 무엇이 과한지를 알 수 있고, 또 억부 관점에서 오행의 기운을 더하거나 덜하면서 균형을 이루고, 조화를 찾아갈 수 있다. 이런 것이 바로 개운이다. 개운이란 이처럼 운이 움직이도록 기운을 열어주는 행위다. 타고난 운은 어쩔 수 없지만, 개운으로 삶이 좀 더 나아지도록 노력하는 것이 좋지 않을까 싶다.

명리 공간의 목적도 이와 같다. 공간적으로 개운을 할 수 있도록 기운을 디자인하자는 것이다. 물론 공간을 자신에게 맞춰 조성하는 것만으로 갑자기 운이 좋아질 수는 없겠으나, 개운하는 데는 도움이 될 수 있을 것이다. 따라서 자기 에너지에 맞는 조화로운 디자인을 찾아야 한다. 이와 마찬가지로 화의 특성을 알고 공간에 잘 적용하면, 삶을 풍요롭게 만들 수 있다고 믿는다.

풍수의 논리도 이와 같다. 예부터 학자들이 정립한 중요한 이론으로 전해져왔고, 지금도 대중은 일상에서 그것을 알게 모르게 의식하며 살아간다. 대기업 총수나 정치인이 풍수를 중요시한다는 사실은 공공연한 비밀 아닌가. 기운이 막힘 없이 흘러야 일이 잘된다고 믿는 것은 자연스러운 사고의 결과일 것이다. 과거에 경복궁을 건축할 때 터의 화기가 너무 강해 풍수적으로 물을 관장하는 해태상을 세웠다는 이야기를 들었을 것이다. 이처럼 오행 사고의 의미를 이해하고, 어떤 오행이 부족하거나 과한지를 파악한 후 자신에게 적합한 방법으로 공간에 적용한다면 어려운 풍수를 배우지 않고도 얼마든지 개운할 수 있다.

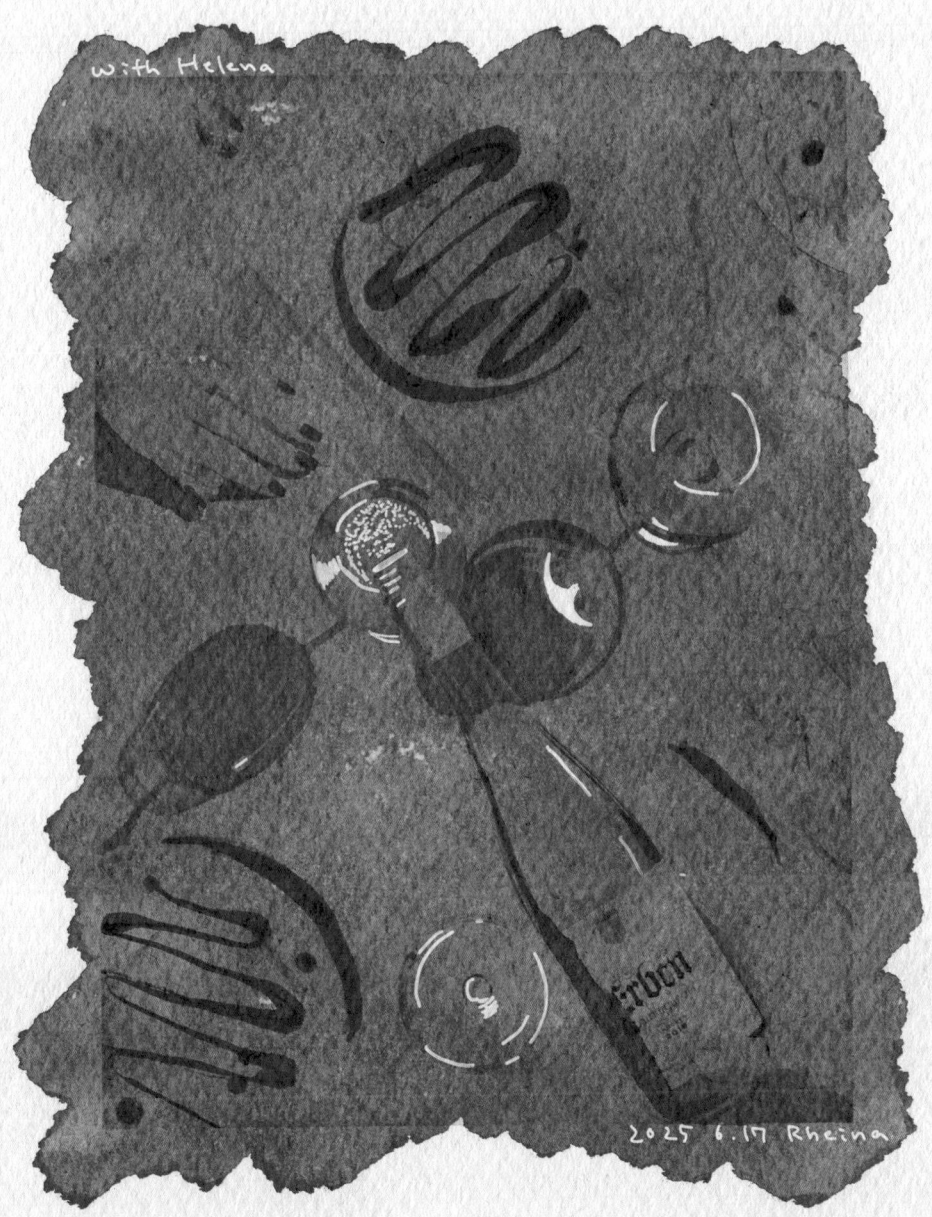

화 오행을 물상으로 표현

화의 공간으로 개운하기

다음에 열거한 사례는 화의 공간을 적용하면 개운할 수 있는 사주다. 단, 화 오행이 기신으로 작용하지 않아야 한다.

수 일간인데 화가 없는 사람(재성이 없는 경우)

화 기운이 없어 조후적으로 차가운 사주는 자신의 생각을 잘 드러내지 못하고, 하는 일에도 진전이 없을 수 있다.

토 일간인데 화가 없는 사람(인성이 없는 경우)

토 일간인데 화 인성이 없으면 신약하거나 목이 자랄 수 없다. 여기서 목은 관성으로 작용하는데, 관성도 없으니 직장에서 승진이 어려울 수 있다.

목 일간인데 화가 절실한 사람(식상이 없는 경우)

목 기운이 성하려면 병화가 필요한데, 없으면 조후적으로 차가운 사주일 수 있다. 사주가 차갑거나 어두우면 성장이 더디고, 해야 할 일의 방향이나 방법을 찾지 못할 수 있다.

화 일간인데 지지에 근이 없는 사람(비겁이 없는 경우)

화 일간인데 지지에 자신과 같은 화 오행, 즉 비겁이 없으면 신약한 사주로 본다. 이런 경우 일을 끝까지 해내기 어렵다.

금 일간인데, 화가 없는 사람(관성이 없는 경우)

특히 경금은 화 오행이 있어야 쓰임새가 생긴다. 신금 일간에게 정화
는 불편하다. 금속이 빛을 받아 반짝이듯이 빛이 있어야 본인의 능력
을 발휘하고 사회에서도 쓰임새가 있는데, 이때 정화가 열로 작용하면
자신을 녹여버릴 수 있기 때문이다.

개운을 위한 명리 공간 조성법

형태 : 외부로 향하는 방사형이거나 퍼지는 형태 또는 역삼각형 구조가 좋다.
　　　 병화의 공간은 자연스러운 채광으로 따뜻한 공간을 말한다. 정화의 공
　　　 간은 인공조명으로 직접 조도를 조정할 수 있는 공간이다.
공간 요소 : 남향으로 창이 나 있는 방이나 거실, 또는 시장이나 번화가처럼 여
　　　　　 러 사람이 모이는 장소.
구조 : 가변 구조
방위 : 북동, 동, 동남
색상 : 붉은색, 레드 계열
재료 : 조명
숫자 : 2, 7

화의 특성은 드러내고 표현하고 교류하고 결실을 본다. 직업적으로 교육 쪽이 좋다. 또한 화는 퍼지고 확장하고 팽창하며 공기처럼 섞인다. 겉은 화려하지만 속은 빈 경우가 흔하다.
목생화가 잘되면 혈액 순환이 좋고, 혈관과 심장이 튼튼하다. 목생화가 필요하면 땀을 흘리는 유산소 운동이 도움이 된다. 술은 오행적으로 화에 속하는 음식이니 적당히 마시면 화를 보충할 수 있다.

발산의 공간
보이는 영역으로서 목과 화의 공간

이 책에서 나는 목과 화의 공간을 '발산의 공간'으로 정의한다. 발산의 공간은 기운이 안에서 밖으로 퍼지는 공간이다. 폭탄이 터질 때 에너지가 안에서 밖으로 퍼지면서 발산하는 형국이다. 물론 폭탄이 터지듯이 에너지가 순식간에 사라지지 않고, 속도와 상관없이 안에서 밖을 향해 나아간다는 뜻이다.

명리학에서 물상에 대입해 오행을 이해하듯이 공간도 오행적으로 해석할 수 있다. 시공간을 다루는 건축에서 시각적으로 드러나는 것은 바로 공간이다. 명리학의 오행적 해석으로 공간을 파악하는 일이 가능한 이유가 여기에 있다. 그동안 건축가이자 공간 디자이너로 일해오면서 공간을 오행으로 분석해 디자인하는 일은 그다지 어렵지 않다는 것을 몸소 체험했다. 쉽게 말해 건축가는 공간을 설계할 때 먼저 개념을 만들어 놓는데, 이때 각 오행의 물상 또는 이미지를 개념화하여 공간을 디자인할 수 있다.

'시작의 에너지가 강한 목'과 '빛과 열의 화' 공간은 발산의 공간이다. 일본의 건축가 후지모토 소스케(藤本壯介)는 '열린 계통'이라는 공간 개념을 말한 바 있다. 공간을 수평으로 쌓아올리는 동시에 수직으로는 늘려 나가는 방식으로 스케일을 자유롭게 넘나드는 건축을 말한

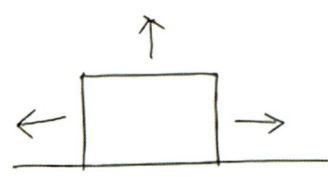

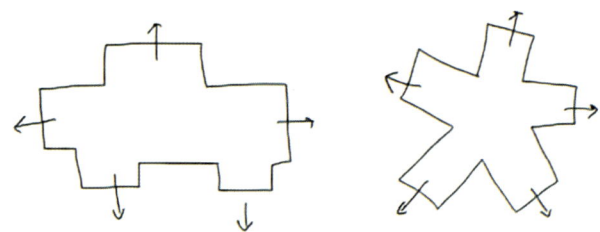

발산의 공간, 물상적 다이어그램

소우 후지모토의 열린 계통 다이어그램

다. 또한 '무한한 요소 사이 무한한 확장성'이라는 표현을 사용하는데, 건축을 '숲의 나무'에 비유하면서 자신의 건축 디자인 언어를 무한 확장한다. 그의 글을 읽다 보면, 자연에 대한 동양적 사고와 언어를 자신의 건축에 고스란히 녹여 실현한다는 것을 알 수 있다. 우리의 전통 건축 공간과 자연과의 관계를 들여다보더라도 이와 크게 다를 바 없다.

제
2
장

토(土)

토土 일간
무토, 기토

오행을 순서대로 배열하면 목, 화, 토, 금, 수가 되는데, 토는 한가운데 있다. 목화 오행이나 금수 오행과 달리 해석하기 어려운 오행이다. 지지 글자 중 토 오행에 해당하는 글자는 진(辰), 미(未), 술(戌), 축(丑) 네 글자로 방위 개념은 없다. 굳이 따지자면 진토는 동남 방향, 미토는 남서, 술토는 북서, 축토는 북동쪽이라고 말할 수는 있다. 이와 마찬가지로 토 오행은 계절로 볼 때도 목화금수 오행이 봄, 여름, 가을, 겨울을 나타내는 것과 달리 환절기로 해석한다. 다시 말해 한 오행이 다른 오행으로 변화할 때 중간 지점에서 중재자 역할을 하는 오행이다. 또한 대지가 만물을 품듯이 토의 특성을 만물의 어머니라고 생각하기도 한다. 그런 측면에서 하늘처럼 땅도 중요한 요소로 여긴다.

만물의 생명은 땅에서 시작하고, 땅에서 나오는 수확물이 없다면 인간을 비롯한 모든 동물은 살아갈 수 없다. 또한 토는 인간이 살아갈 때 바탕이 되는 영역이며, 인간은 땅을 밟아야 안정을 느낀다. 이와 마찬가지로 나무도 땅이 있어야 뿌리를 내리고 열매를 맺을 수 있다. 같은 맥락으로 볼 때 아이들은 목 기운이 강해 마당이 있는 주택에서 사는 것이 가장 좋다. 하지만 아파트에 살아야 한다면 고층 아파트보다 땅의 기운이 미치는 저층 아파트를 선택하는 편이 좋다.

한편, 강헌은 『명리』라는 책에서 불은 결국 사그라지고 물도 흘러가 사라지지만, 땅은 그 자리 그대로 남아 있다면서 토를 중화의 기운이라고 말한다. 이처럼 토 오행은 여러 가지 해석이 가능한 오행이다.

정리하자면, 토의 색은 황색 또는 노란색이며, 방위는 앞서 말했듯이 방위 개념 없는 중앙이다. 다만, 토가 계절적으로 환절기를 뜻하듯이 방위도 동서남북의 중간을 의미한다.

토 오행은 천간의 무토(戊土)와 기토(己土) 그리고 지지의 진토(辰土), 술토(戌土), 축토(丑土), 미토(未土), 이렇게 여섯 글자로 다른 오행보다 두 글자 많으며 그 의미도 멈춤, 신뢰, 보관 등 다양하다.

무토는 현실에서 동떨어져 양쪽 오행 사이 공간을 만들기에 가까워지기 어려울 수 있다. 또한, 혼자만 높이 올라가 중간자적 관점을 드러내기도 한다. 관망하고 관조하고, 양쪽을 아우르며 판단하려는 에너지가 충만하다. 성격이 무미건조할 수 있으며 세상을 관찰하고 논평하려 든다.

기토 일간은 물상으로 논이나 밭과 같은 습토이다. 어떤 생명도 키워낼 수 있는 생산성이 있는 땅이다. 성격도 유연하고 부드럽다. 순박하고 조용하며 자기주장을 드러내지 않지만, 실속을 잘 챙긴다. 잘 인정하고 많은 것을 수용해 새로운 것을 만들어내는 성질이 있어 갑목이나 을목이 자라기 좋으며, 화를 보면 열을 흡수해 생산성이 좋은 편이다. 현실적이고 실용적으로 만드는 힘이 있다.

한편, 기토는 앞서 말했듯이 습토라 더 습해지면, 현실에 얽매여 벗어나기 힘들 수 있다. 예컨대 돈에 매여 악착같이 일만 할 수 있으니 습을 해결해야 한다. 이때 습이 사라지지 않도록 조절에 주의해야 한다. 가령 이미 습한 사주인데 운에서 계수(癸水)처럼 습한 수 기운이 또 들어올 때 병화나 갑목으로 조절하지 못하면 재성*이 음성화해 돈만 벌 수 있다면 수단과 방법을 가리지 않게 된다. 임수(壬水)를 만나면 기토가 임수 때문에 흘러갈 수 있다. 이럴 때 외부에서 요구하는 조건에 맞추는 현상이 벌어진다. 쉽게 말해 상대방의 요구대로 하게 된다.

* 현금, 신용, 공간, 노력의 대가 등을 뜻한다.

토 일주별 특징

무자(戊子)

자기 영역이 분명하고 빈틈이 없다. 스스로 계획하고 계산한다. 남에게 일을 맡기지 못한다. 맡기더라도 신뢰하는 사람에게만 맡기고, 그 사람이 자기 수족처럼 되어주기를 바란다. 겉으로는 무토처럼 크게 보이지만, 실제로는 일지의 자수처럼 잔뜩 웅크린 모습이다. 고중(固重)*해서 고집이 세고, 자기 원칙대로만 하려고 한다.

무인(戊寅)

스케일이 크고 직관적이다. 일지 인목이 일간 무토에게 편관으로 작용해 규칙이나 규격, 조건, 집단, 소속 등에 매이는 편이다. 하지만 편관 작용으로 앞장서서 일한다. 사주가 조하면**현실 감각이 없고 마무리가 잘 안 된다.

무진(戊辰)

무토 일간은 고집이 세고 주도적인 데다 부드럽고 유연해 강한 리더십을 발휘한다. 일지 진토의 작용으로 주변을 넓게 확장하려 한다. 일이 생기면 나서서 중재하려 한다. 주변을 이용해 자기 일을 해결하는 능력이 뛰어나다. 화합하고 끌어들이는 힘이 있다.

무오(戊午)

일지 오화(午火)는 정인이지만 동시에 양인일 수 있으니 수(水)를 쓸 수 있는

---

* 우뚝 솟아 있으면서 모든 것을 포용한다는 뜻.
** 사주에서는 한난조습을 중요하게 여기는데 조는 건조하다는 의미이다.

조건인지 살펴야 한다. 외부 조건이 안 되면 배우자 인연이 박할 수 있다. 무토는 고중한 성격인데 오화 정인으로 화생토가 되어 자기 기준이 강하다. 고집불통이 될 확률이 높다. 쉽게 흔들리지 않고 다른 사람과 섞이기 어렵다.

무신(戊申)

지지의 신금(申金)이 식신이고 생지라 성급하게 움직이며 직선적이다. 토를 설기(泄氣)하는 에너지가 강하다. 적극적이고 남의 일에 간섭한다. 식신이지만 상관적 성향이 강하다. 화 오행으로 신금을 조절해야 한다.

무술(戊戌)

간여지동(干與支同)*이고, 높이가 높아졌고, 단단하다. 따라서 단호하고 고집이 세다(괴강). 주체성이 강하고 독립적이라고 해석할 수도 있다. 충동적이고 사적 의리가 강하다.

기축(己丑)

축토는 오래된 것을 활용하는 특성이 있어 과거에 근거해서 재현하려 한다. 단단하다. 또 축토가 일간 기토의 근으로 작용해 자기실현 욕구가 강한 편이다. 특히 재에 집착하고 소유하고 보관하려고 한다. 사주가 습(濕)이 지나치면 어떤 일도 감당해 낸다. 닥치면 못 할 일이 없다. 전투력이 강하다.

기묘(己卯)

습 조절이 안 되면 마무리나 정리정돈이 안 된다. 묘목의 텐션을 위해 조한(燥汗) 기운이 필요하다. 묘목의 편관은 결과에 집중하는 힘으로 작용한다. 실무에 강하고 직접 대상을 다루는 일에 능하다. 기토 일간이 강해야 편관

----

*천간과 지지의 오행이 같은 경우를 의미한다.

묘목을 다룰 수 있다. 습 조절이 필요하다.

기사(己巳)

기토(己土)는 무엇이든 기르기 좋은 땅이다. 일지 사화(巳火) 인성으로 재를 길러내려 한다. 안정적이며 생산력이 뛰어나다. 기토는 섞임을 주도하고, 사화는 확장해 외부 에너지와 계속 만난다. 소리 없이 영역을 확장한다. 변화가 어렵다. 자신이 하는 일이 쓰임새가 있으리라 생각하지만, 사주에 목과 금이 있어야 쓰인다.

기미(己未)

일지 미토가 근이다. 생산력이 높고 습득력이 뛰어나다. 따뜻하다. 미토는 거의 완성된 토이므로 결과를 빠르게 인식한다. 사회적 조건을 잘 받아들인다. 하지만 내면적으로 잘 바뀌지 않는다.

기유(己酉)

솜씨가 좋고 완성도가 높다. 고유성, 독자성이 강해 혼자 작업하기를 선호한다. 자기 영역이 분명해 잘 섞이지 않는다. 일관성을 유지하는 자신만의 패턴이 있다. 일지 유금(酉金)이 식신으로 작용해 몸의 감각이 발달하고 예민하다.

기해(己亥)

생산성이 강하다. 수평적이며 잘 섞인다. 습 조절이 중요하다. 지지의 해수(亥水)가 정재이지만, 토극수(土剋水) 하지 못하고 동류한다. 길흉 중심이다. 해수와 만나면 잘 섞이지만, 동류되어 간섭이 심하다. 기본적으로 비습한 명이라 상황에 잘 맞추고 변화한다. 현실적이지만 습을 조절하지 못하면 재에 집착한다.

토의 공간

토의 공간, 물상적 표현

Keywords : 사이, 머무름, 중앙, 마당, 중정, 복도, 이쪽과 저쪽의 연결 장치, 생각, 비장/위장, 노란색(황색), 플랫폼, 중재력, 변환 장치, 연결, 접촉

토의 공간은 목, 화로 펼쳐졌던 기운이 점차 속도를 늦추는 구간이다. 또한 토 공간이 있어야 다음 공간으로 나아갈 수 있다.

　토 공간은 가운데이기도 하고 완충지대 같은 곳이어서 A 공간과 B 공간 사이에 공간을 만들어준다. 또 토는 중간에서 변화를 부드럽게 해주는 역할을 한다. 따라서 토가 없으면 쉽사리 멈추지 못한다. 이와 반대로 토가 너무 많으면 사이 공간이 너무 넓어져 잘 움직이지 않을 수 있다.

　금이나 목은 토에게 방향을 정해준다. 계절이 바뀌는 시기를 환절기 또는 간절기라고 하는데, 이것도 토라고 보면 된다. 인간은 땅을 밟아야 실재감이 생기듯이 토는 생활의 바탕이 되는 영역이다. 인간은

토의 공간 - 플랫폼

땅을 밟고 지각하므로 땅의 기운이 매우 중요하다.

토의 기운을 키우는 제일 간단한 방법은 고층 아파트보다 마당 있는 저층 주택에 사는 것이다. 토는 사유에 해당하며 논리적 추론보다는 사색과 관조에 가깝다. 아울러 토는 땅, 흙, 대지와 관련된 원소로서 안정성, 실체성, 성장력을 상징한다. 명리 공간에서 토 공간은 다른 오행과 조화를 이루도록 조합해 건축물의 운을 결정하고, 주변 환경과의 균형을 찾을 수 있게 해준다.

명리 공간은 관계성의 공간이다. 방이나 공간 등 요소 사이의 관계, 내부와 외부의 관계, 주체와 객체의 관계를 하나하나 정리하며 조화를 이루게 하는 공간이 명리 공간이라고 정의할 수 있다. 공간화한 관계성, 공간과 공간의 관계성에 중점을 두는 지각적이고 심리적인 현상이다.

한국 전통 건축물을 보면 유교 사상을 기반으로 사회적 위계 질서에 따라 건축 요소들을 배치했다는 사실을 알 수 있다. 반면, 자연과 하나되는 개념인 도가나 선종에서 비롯한 건축의 공간은 비위계적으로 배치되어 있는데 일본의 공간 배치도 도가와 선종의 영향을 받았음을 확인할 수 있다.

한국 전통 가옥에서는 마당이 토를 대표하는 공간이다. 중정, 마당, 뒷마당 등 외부와 내부가 절묘하게 관계를 맺게끔 배치되어 있다. 내부공간에서는 대청마루, 쪽마루, 누마루 같은 공간이 토의 공간이다. 이처럼 방과 방을 잇는 중간 공간인 마루를 공적 관계가 이루어지는 토의 공간이라고 정의할 수 있다. 외부 공간인 마당은 평소에 비워두기도 하지

전통공간에서의 마당, 토의 공간

만, 김장 등 공동 작업을 하거나 혼례 등 집안 경사가 있을 때 모두 모여 잔치도 하는 복합 공간 역할을 한다.

또 토 공간은 다른 오행인 목, 화, 금, 수가 만나고 변할 때 중간 역할을 하며 완충 장치로 기능해 충격 완화를 돕는다. 명리학에서는 오행 중 토가 설명하기 가장 어려운 개념이라고 하지만, 건축 공간에서는 오히려 정의하기가 쉬울 수 있다. '공간'이라는 개념 자체가 '사이(間)'에서 비롯한 개념이며 대지, 즉 땅이 없으면 성립하지 않는 작업이 바로 건축이기 때문이다. 따라서 오행을 디자인한다는 것은 어떻게 배치할 것인지를 결정하는 일이라고 할 수 있다.

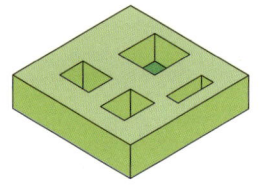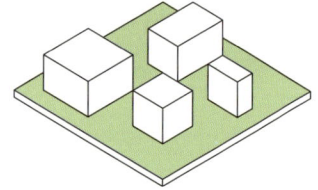

토의 보이드 공간, 좌-보이드 우-단위 나누기

　　서양 건축에서는 '중정(inner court)'이라는 말이 자주 사용되는데, 아트리움(atrium)도 실내의 중정 개념이다. 중정은 공기 순환에 매우 중요한 요소다. 찬 공기는 아래로 내려가고, 더운 공기는 위로 올라가는 대류 현상을 이용한 자연 환기가 이루어지는 곳이다. 이런 중정이 마당과 같은 토의 모습이라고 할 수 있다.

　　중정을 위의 그림처럼 반대로 뒤집기(reverse) 하면 건물과 건물의 사이 공간이 형성된다. 단위 하나하나로 나눠 건물을 배치하면 골목이 생기는데 이것도 토의 공간이다. 벽은 엄밀히 말해 금의 공간이고, 건물과 벽 사이 공간이 토의 공간이다. 요즘 주택 설계는 예전처럼 벽을 만들지 않고 경계석이나 울타리로 경계를 구분하는데, 그래도 경계와 건물 사이에는 공간이 생기고 토의 공간으로 작용한다.

　　2000년 초반 한국 건축계에는 '랜드스케이프(landscape) 건축'이라는 용어가 유행했다. 영국이나 유럽에서 흔히 사용하는 개념으로 한국으로 넘어오면서 새로운 건축개념으로 다루어졌다. 우리의 전통 건축

토의 중정 공간, 렉토 매장

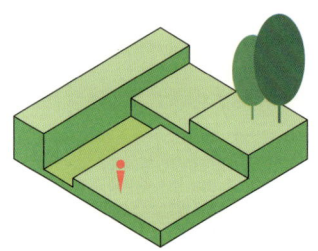

레벨로 나누기

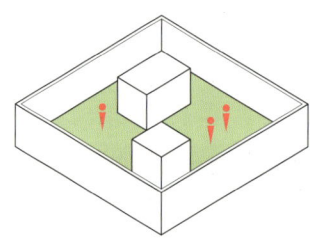

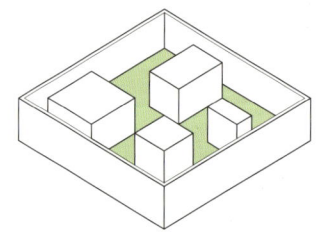

둘러싸임 - 단위로 나누기

자체가 자연에 순응하는 방식이라 랜드스케이프 건축도 우리에게 잘 맞는 개념이라고 생각한다.

옆의 '레벨로 나누기' 다이어그램을 랜드스케이프로 이해하면 된다. 땅의 경계를 만들거나 공간화할때 단순히 평평한 바닥만을 염두에 두지 말고 지형의 높낮이가 얼마나 다양한지를 고려해 토의 공간을 랜드스케이프 건축처럼 디자인하면 새로운 개념으로 접근할 수 있다.

대지에 건물을 배치할 때 벽을 세워 경계를 만드는데 이것은 금의 행위이다.

옆에 그려 놓은 다이어그램처럼 건물과 벽을 어떻게 배치하느냐에 따라 토의 공간이 여러 가지로 달라질 수 있다. 이처럼 토의 공간은 단순히 주거 공간에서의 활용뿐 아니라 랜드스케이프를 이용해 대지와 조화를 이루는 공간 디자인 방식으로도 경험자의 체험에 밀접하게 적용할 수 있다.

21세기 가나자와 미술관   일본 미타키엔 가옥 엔가와

　　일본 전통 건축에서 가옥 구조의 특징은 내·외관을 안과 밖 두 개의 다른 환경으로 여기지 않고, 연결된 공간으로 간주한다는 점이다. 이런 생각은 안과 밖을 오갈 때 거치는 중간적 공간, 엔가와(緣側)에서 두드러진다. 집의 가장자리에 붙어 있어 비가 오면 젖는 '누레엔(濡れ緣)'도 엔가와의 한 형태로 볼 수 있다.

　　일본의 현대 건축가 SANAA의 가즈요 세지마(妹島和世)와 니시자와 류에(西沢立衛)가 설계한 작품을 보면 매우 모던하면서도 일본적이라는 인상을 받는다. 특히 엔가와의 공간 개념을 적극적으로 차용한 흔적을 볼 수 있다. '토의 공간'으로 해석할 수 있는 이런 엔가와 공간은 건축가들이 즐겨 사용하는 형태이기도 하다.

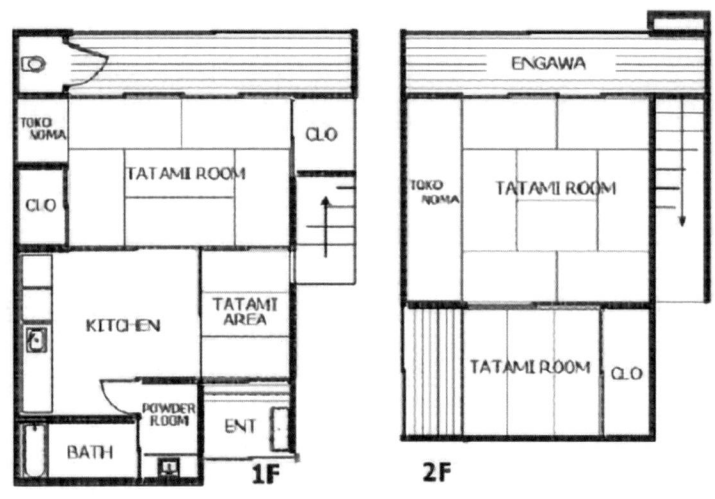

일본 가옥 평면도

일본 가옥 구조에서 중요한 요소인 엔가와는 우리의 툇마루와 비슷하면서도 다르다. 한국 전통 공간에는 위계가 존재하고, 입구와 출구, 앞뒤의 개념이 확실하지만, 엔가와에는 위계가 없다. 사방에서 출입할 수 있는 중간 영역이자 전위 공간이다. 오행에서 말하는 토의 공간이며, 머무를 수 있고, 다음으로 연결되는 공간이다. 토가 부족한 사람에게는 한 번의 멈춤으로 다음 생각과 행동에 대해 생각해볼 수 있는 '사이의 공간'으로서 토의 공간이 필요하다. 현대 건축에서는 모던한 요소로도 사용할 수 있어 훌륭한 공간 요소로 작용한다.

건축가 조병수는 땅의 개념을 구현한 건축으로 유명하다. 다음은 2009년 『동아일보』에 소개된 그의 인터뷰 일부로 '땅집'은 어떤 구상에서 나온 것인지 참고가 될 만해 여기 소개한다.

양평 ㅁ자 땅집, 조병수

"노자의 『도덕경』을 읽으며 하늘과 땅에 대해 여러 가지 생각을 하던 무렵 구상했어요. 몸을 땅속에 두는 공간이지만 거기 머무는 사람이 마주하는 것은 더 크고 고즈넉해 보이는 하늘입니다. '땅집'이 곧 '하늘집'인 것이죠. 어린 시절 방학 때마다 머물던 시골 친척 집 마당의 기억이 스며 있는 공간이기도 하고요. 언제든 다시 땅으로 돌아갈 수 있는 건물입니다."

명리 공간 측면에서 토의 공간을 잘 보여주는 건축이라고 할 수 있다. 아마도 조병수 건축가는 땅의 에너지를 그대로 표현하고 싶었을 것이다.

얼마 전 오래된 슬라이드 자료를 디지털 파일로 만들려고 을지로 3가에 있는 망우삼림을 찾은 적이 있다. 시간이 멈춘 듯한 건물 모습은 옛 슬라이드 필름이나 필름 카메라의 감성을 그대로 복원한 듯한 인상을 준다. 마치 영화 「중경삼림」의 배경이었던 홍콩 어느 뒷골목에 와 있는 듯하다. 30년이 지난 슬라이드를 다시 볼 수 있다는 기대로 들뜨기도 했지만, 그 시절로 돌아가 있는 듯한 착각마저 들었다. 모든 것이 디지털화하고 AI 시대로 접어들어 더는 인간의 감성이나 손길을 느낄 수 없는 시대가 되었지만, 이런 공간은 아이러니하게도 우리를 감각의 시대로 되돌려보낸다.

토의 공간은 머물게 하는 역할도 하지만, 저장의 기능도 있다. 토 오행 중 축토는 한겨울 땅을 말하는데, 과거의 일이나 오래된 것, 옛것을 저장하는 특성이 있다. 이를 '창고'라고도 한다. 꺼내지 않으면 그대로

을지로의 망우삼림

묻혀 있지만, 꺼낸다면 그만한 보
물이 없다. 따라서 망우삼림도 오
래된 필름을 현상하고, 오래된 기
억을 소환할 수 있으니 축토의 공
간이라 할 수 있다.

축토의 공간이 갑목을 만나
새로워지고, 이른바 '힙한' 공간
으로 거듭난 것이 바로 망우삼림
이고 그래서 '힙지로'인 것이다.

오른쪽 사진은 종로구 창의문
로에 있는 윤동주 문학관이다. 옛

윤동주 문학관

수도 가압장이었던 건물을 리모델링해 문학관으로 만들었다. 전시관 안으로 들어가면 중정이 있다. 수돗물을 채워 놓았던 흔적이 그대로 있고, 이끼와 물때까지 고스란히 남았다. 윤동주 문학관에 걸맞게 디자인한 듯해 더욱 멋져 보인다. 옛것의 흔적과 기록 보관의 콘셉트로 '토의 공간'이라고 해석할 수 있다.

아래 사진은 창신동에 있는 카페인데, 모던하면서도 옛 공간처럼 디자인한 실내가 인상적이었다. 툇마루를 카페 공간으로 재현했는데 이 또한 토의 공간으로 발길을 멈추고 쉬게 하는 공간이다.

창신동의 한 카페

토가 부족/과다할 때

토는 다른 오행보다 지지에 글자가 두 개 더 많아 의미도 훨씬 복잡하다. 공간적으로는 다양한 요소로 디자인할 수 있는 오행이기도 하다. '공간(空間)'이라는 단어의 '간'은 사이 간(間)으로 토 오행의 의미와 유사하고, 다른 네 가지 오행의 중간이므로 플랫폼 역할을 한다. 물상으로 해석할 때도 토 오행은 부동산, 땅으로 보기에 공간적으로 해석하기 쉽다.

사주에 토 오행이 3개 이상이거나, 신약한데 토 오행이 천간에 있고 지지에 근으로 있는 사람도 토가 왕한 사주다. 이렇게 토가 너무 많

시주	일주	월주	연주
정관	본원	정인	편재
丙	辛	戊	乙
申	酉	寅	巳
겁재	비견	정재	정관
戊壬庚	庚辛	戊丙甲	戊庚丙
제왕	건록	태	사

토가 부족한 사주

은 사람의 공간에는 목이나 금 기운의 요소를 넣어 디자인해주면 좋다. 예컨대 진토나 축토가 있는 사람은 무언가를 수집하려는 욕구가 강해 금 오행이 절대적으로 필요하고, 목 오행으로 소토를 해줘야 토를 효과적으로 쓸 수가 있다.

앞의 사주를 보면 월주의 월간*이 무토로 구성되어 있다. 월간은 사회궁으로 이 자리에 어떤 글자가 오는지에 따라 직업이나 하는 일, 재성 등을 논할 수 있는 매우 중요한 자리이다.

그런데 앞 사주에서 무토는 연주의 을목과 월지(月支)의 인목으로 극을 당하고 있다. 또한 일간과 일지 모두 신금(辛金), 유금(酉金)이라는 금 오행이라 무토를 설기해 무토의 에너지가 약하다. 이런 사주는 토 오행의 에너지를 화 오행으로 생해서 강하게 하거나 토 기운을 도와줄 수 있는 공간으로 바꿔주면 개운할 수 있다. 지지에 진토나 술토가 오면 무토의 근이 되어 토 기운을 보강해줄 수 있으니 공간 디자인도 그 원리에 따라 해주면 된다.

명리 공간적으로 금은 정리의 공간에 해당한다. 수납 공간이나 수집한 것을 잘 정리할 수 있는 공간이라고 할 수 있겠다. 따라서 토가 과다한 사주는 금의 공간으로 토 기운을 설해줄 수 있다.

반대로 토 오행이 없거나 부족한 사람은 어떻게 해야 할까? 토 오행이 없거나 부족한 사람은 안정감이 없을 수 있다. 심리적으로 의지

---

* 월주의 천간 글자를 의미한다.

목극토의 공간

할 데를 찾거나 정착하는 힘이 부족해서 늘 한곳에 머물기 힘들어 한
다. 그러므로 주택을 설계할 때 구석 구석 토의 영역을 디자인하고, 중
정이나 마당을 만들거나 작게는 텃밭이라도 가꾸게 하면 도움이 된다.

주택 내부에서 '토의 공간'이라고 할 수 있는 곳을 명리 공간으로
말하면 공간에서 공간으로 이어지는 사이 공간으로 크기는 상관없다.
아파트의 경우 발코니 공간을 툇마루 같은 공간으로 디자인하는데 이
것 역시 토의 공간이다.

메산 분재와 가구 편집숍 챕터원에서 기획한 분재 전시를 보려고
챕터원의 오프라인 공간을 방문한 적이 있다. 전시 공간이지만 일반

주택이었다. 처음 들어서는 진입 공간에 이끼 분재와 나무 분재를 전시하고 있었다. 이런 공간은 비움의 미학이 발현되는 곳이다. 비워짐으로써 채워진다는 동양적 비움의 공간으로 멈춤의 공간이자 사유의 공간이다. 여기서 말하는 채움은 '메움'이 아니라 '비워서 채움'이라는 역설적 의미를 담고 있다. 분재 예술이 바로 이런 비움의 미학을 잘 보여준다.

만일 이곳 주인이 토가 부족한 사람이라면, 이런 공간은 그에게 큰 도움이 된다. 여유와 멈춤, 사이의 공간을 둠으로써 사색이 가능해지게 만들었기 때문이다. 오행 중 토는 계절로 치면 간절기고, 공간으로 치면 다른 에너지로 전환되기 전 머물다 가는 중간 공간이다. 주택에서는 마당이 바로 그런 공간이다. 전 국토가 아파트로 변해가는 상황에서 마당은 점점 사라지고 있지만, 사실 마당은 전위 공간이자 다음으로 넘어가는 중간 영역이다.

챕터원 입구의 매력은 앞에 보이는 대나무다. 깊이 3층 정도의 지하에 심은 대나무가 자칫 허전해 보일 수 있는 전경을 차단해 에너지가 빠져나가는 것을 막아준다.

내 사주는 여덟 글자 중 다섯 개가 토다. 천간에만 무토와 기토가 두개, 지지는 진토와 축토로 이루어진 전형적 토 과다 사주다. 십성으로 봐도 토가 많아 정재와 편재가 혼잡되어 있다. 명리학을 알기 전에는 내 삶이 왜 그토록 안 풀리는지 알 수 없어 답답한 마음으로 세월을 보냈다. 그러나 지금은 내 명식 구조를 파악할 수 있어 그 이유를 알게 되었다. 내 사례 같은 토 과다 사주 명식은 억부적으로 해석해 토 기운을 덜어줘야 한다.

토가 과하면 머무는 힘이 강해서 우유부단하고 답답할 수 있다. 그래서 목의 공간이 필요하고 목극토(木剋土) 하는 공간이 있어야 하는 것이다.

목극토 공간의 사례를 들자면, 최근 조경 디자이너 정영선 선생이 국립현대미술관 서울관의 중정에 디자인한 조경 공간을 들 수 있다. 유럽은 매우 기하학적으로 정돈된 디자인을 조경 디자인 요소로 적용하는데, 이번 전시에서 본 정 선생의 디자인이 바로 그런 식이었다. 한

토의 공간

국적이라기보다는 오히려 영국 전원풍 같다는 인상을 강하게 받았다.

국립현대미술관 중정 공간에도 조경을 해놓아 전시의 연장으로 보여준다. 인왕산 정기를 받는 공간을 콘셉트로 만들었다는데, 바로 이런 중정 공간이 대표적인 토의 공간으로 머물게 하고, 쉬게 해준다.

가령 목이 발달한 사람에게 토가 없다면, 이런 공간을 만들어 활용하면 좋다. 토가 없는 사람은 안정감이 없고, 불안할 수 있기에 살아가는 공간 중간중간에 토의 공간을 조성해야 한다. 토의 공간에 나무를 심으면 더더욱 좋다. 토의 공간에 활력과 생명력을 불어넣기 때문이다.

토 오행을 물상으로 표현

토의 공간으로 개운하기

다음과 같은 사주는 명리 공간으로 개운할 수 있다. 단, 토 오행이 기신으로 작용하지 않는 경우에만 적용할 수 있다.

수 일간인데 토가 없는 사람(관성이 없는 경우)

댐이 없어서 큰 강이 범람하는 형국으로 논에 관로가 없어 물이 넘쳐 농사를 망치는 것과 같다. 다시 말해 자신이 한 일에 대해 능력을 인정받지 못하거나 어떻게 해야 할지 몰라 일을 그르칠 수 있다.

금 일간인데 토가 없는 사람(인성이 없는 경우)

금 일간인데 토 인성이 없으면 신약 사주다. 자신을 보호하는 배경이 없는 것과 같다. 이와 반대로 토가 너무 많으면 매금되어 좋지 않으니 적절한 토의 도움이 필요하다.

화 일간인데 토가 절실한 사람(식상이 없는 경우)

화 기운이 강한 사주인데 토가 없으면 화를 발산만 하고 수렴하지 못한다.

토 일간으로 지지에 근이 필요한 사람(비겁이 없는 경우)

토 일간인데, 지지에 토가 없으면 신약한 사주로 이때 목까지 너무 강하면 산이 무너지는 형국이다. 남에게 끌려다니거나 자기 의지대로 할 수 있는 일이 없을 수 있다.

목 일간인데 토가 없는 사람(재성이 없는 경우)
나무인데 뿌리내릴 땅이 없는 형국이다. 늘 불안하고 안정감이 없는 것과 같다. 나의 영역이 없고 정착하지 못한다.

개운을 위한 명리 공간 조성법

형태 : 건물과 건물 사이 공간. 무토의 공간은 높고, 혼자만의 고중한 형태로
　　　 물상으로는 백두산처럼 높은 산이다. 반면, 기토의 공간은 누구나 올 수
　　　 있는 생산적 공간으로 물상으로는 논이나 밭이다.
공간 요소 : 중앙, 툇마루, 중간 영역, 인터체인지, 대청마루, 플랫폼, 마당, 복
　　　　　 도, 중정
방위 : 중앙
색상 : 노랑, 황색 계열
숫자 : 5, 10

토는 사이이며 마디를 만든다. 대나무의 마디와 같다. 잠시 머물게 하
는 힘이다. 멈추기, 중개(중재)하기. 토가 약한 사람은 완충 작용이 없
어 듣자마자 바로 말한다. 토가 많으면 여유가 있고, 토가 약하면 조급
하니 심호흡을 해서 여유를 가져야 한다. 말할 때도 중간에 쉬어가며
계속해야 한다. 항상 여유롭고 차분하게 행동해야 한다. 토가 많은데도
조급하면 화가 없기 때문이니 약간의 화기가 있어야 한다.

제
3
장

금(金) · 수(水)

금金 일간
경금, 신금

오행 중 금(金)은 숙살(肅殺)과 포양(包陽) 작용을 한다. '엄숙하게 죽인
다'는 뜻의 숙살은 열매 수확을 위해 껍질은 단단하게 하고 과육은 익
힌다는 의미이다. 금의 절기는 봄여름을 지나온 나무의 열매가 익는
시기를 말한다. 따라서 열매를 수확 후 구분하고 정리하고 포장한다는
의미도 있다. 여기서 '구분'에는 외부에서 들어오는 것을 차단해 구분
한다는 의미도 있고, 내부에 있는 내용물을 구분해서 정리한다는 뜻도
있다.

금은 금속 느낌이 강해서 재물을 의미하는 물상으로 해석하기도
한다. 그런 이유로 사주에 금이 많으면 좋다고 일차원적으로 해석하는
사람도 있는데, 금을 글자 그대로 해석해서는 안 된다. 금 오행의 이해
를 돕기 위한 물상으로 간주해야 한다.

금 오행은 경금(庚金)과 신금(辛金)으로 나뉘는데 경금은 원석, 신금은 보석이라고 표현한다. 경금 일간은 습금 또는 둔금이라고도 하며 전반적으로 분별력이 강하고 성정이 곧은 사람이 많다. 계절로 말하면 가을이고 물상으로는 열매다. 사물의 팽창과 성장 과정이 토로 수렴되면, 그 기운을 수축시켜 결실을 보기 때문이다. 이를 '숙살지기(肅殺之氣)'라 하는데 그만큼 만물을 응축하는 힘이 강하다.

절제력과 결단력이 있고 일을 할때나 모든 상황을 판단할 때 공사 구분이 정확하다. 하지만 사주에 토 기운이 너무 왕하면 오히려 금이 금답지 못하고 결단력에 문제가 생긴다. 따라서 토가 너무 많은 것을 반기지 않는다. 토가 금을 덮어 땅에 묻는 것을 '매금(埋金)'이라고 하는데, 특히 금 일간이 매금되지 않도록 잘 살펴야 한다.

또한 원석은 나쁘고 보석이 좋다는 식으로 단순하게 나누면 명리학적 사고를 할 수가 없다. 원석은 가공의 가능성이 있어 앞으로 어떻게 무엇으로 바뀔지 모르는, 가능성이 무궁무진한 상황으로 봐야 한다. 신금은 보석처럼 이미 완성된 상태이기 때문에 외부의 개입을 불편하게 여긴다. 신금을 매우 예민하고 다루기 어려운 금으로 해석하는 이유가 여기에 있다.

신금은 조후적으로 조금(燥金)이고, 세부적으로 분별하고 개별 포장하는 것을 의미한다. 감나무로 예를 들면, 감이 경금이고 개별적으로 포장해 상품성을 띠게 한 것이 신금이다. 이처럼 신금은 이미 만들어진 내부 규칙이 확실해 자신을 잘 바꾸지 않는다. 깔끔하고 두드러지는 것을 좋아한다. 자신의 완벽을 추구하고, 예민하고 섬세하다. 정확성을 요구하며, 냉정하고 까다로워, 겉으로 보기에는 까칠하다. 경금보다 매금되기 쉬우니 토가 왕해지는 것을 꺼린다.

지지의 금은 신금(申金)과 유금(酉金)으로 나뉜다. 신금은 천간의 경금과 같고, 유금은 신금처럼 이해하면 된다. 신금은 생지*에 있는 금이라 시작의 힘이 강하고, 열매가 익어가는 상태이고, 유금은 다 익어서 상품 가치가 있다고 본다. 금을 대표하는 색상은 백색이고 방위는 서쪽, 계절로는 가을을 의미한다.

---

* 지지는 인묘진(목국木局), 사오미(화국火局), 신유술(금국金局), 해자축(수국水局)으로 묶을 수 있는데 이때 각국의 첫 글자인 인, 사, 신, 해를 '생지'라고 한다. 시작의 기운이 강한 글자다.

금 일주별 특징

경자(庚子)

경금은 구체화하지 않은 분별을 의미하며, 대충 구분하는 면이 있다. 경자 일주는 크게 구분해서 하나로 정리해서 깊이 들어간다. 핵심을 찌르는 자수 상관을 일지에 둬서 자유롭고 개인성이 강하다. 즉흥적, 순발력, 임기응변에 강하다. 자기중심적이다.

경인(庚寅)

외향적이고 호인이다. 그러나 실속이 없고 역마가 강해 집에 가만히 있지를 못한다. 사주에 수 오행과 습한 토가 있으면 현실성을 부여해준다.

경진(庚辰)

경금은 분별력·판단력이 특징인데, 일지 진토로 인해 판단력의 기준이 흐려질 수 있다. 다변적 사유와 생각의 번짐이 섞일 수 있다. 적은 정보로 전체 확장이 가능하다(논리적 비약이 있을 수 있다).

경오(庚午)

예의가 바르고 이미 완성된 상태로 보인다. 타자 인식이 극대화되어 있다. 다름을 인정하며 다른 사람들과 잘 어울린다. 미완성의 경금 일간을 지지의 오화(午火)가 목적을 부여해준다.

경신(庚申)

일지와 간여지동이며 상하 에너지 결합이 강력하다. 부정적으로 작용하면 좌우 에너지 소통이 안 될 수 있다. 고집스러워 독단적이지만 주체적이다. 즉흥적이고 과감하다.

경술(庚戌)

일지 술토가 편인이라 고중해진다. 조한 편인이라 고집스럽고 동요하지 않는다. 예민하고 고집이 세다. 편식성이 강하다. 경금(庚金)이 강해야 술토로 매금되지 않는다. 진토 편인까지 있으면 자기 생각을 부정하고 의심해 자신감 결여로 드러난다. '토생금'을 금이 주도하지 않으면 매금되기 쉽다.

신축(辛丑)

고집스럽고 자기주장이 강하다. 시작이 늦지만, 일단 시작하면 지속력이 강하다. 일지 축토가 편인이지만 더디고 느리다. 사주에 화 오행이 있어야 외부조건의 속도를 맞추는데, 없으면 더디다(환경 개선이 어렵다). 일지가 금의 고지(庫地)로 자신의 근기처럼 사용한다. 해왔던 것이나 주어진 것에서 출발하고 유지하려는 성향이 강하고 변화에 둔감하다. 한번 정해지면 지속적으로 하려는 성향이 있다.

신묘(辛卯)

일지 묘목이 편재이므로 결과를 인지하는 능력이 뛰어나다. 정밀하다. 신금(辛金)은 완성된 금으로 목적이 부여된 일간이다. 재를 다루는 감각이 탁월하다. 담대하고 디테일하다.

신사(辛巳)

완성된 신금을 자연스럽게 보여준다. 자신이 자연스럽게 드러나는 것을 좋아한다. 일지 사화가 정관이라 외부의 규칙으로 드러나게 된다. 외부를 항상 인식하고 남에게 보이는 것을 중요시한다.

신미(辛未)

예민하다. 하지만 선을 넘지는 않는다. 행동이 더디고 결정 장애가 있다. 미토는 신금의 날카로움을 보장해주기 어려우므로 수 기운이 필요하다. 금생수(金生水)로 지속력이 있어야 한다. 계수보다 임수의 도움을 받으면 좋다.

신유(辛酉)

단일한 기운으로 단단하다. 순수한 에너지이며, 치밀하게 분별하고 구분하는 에너지 밀집도가 높다. 일에 대한 집중도가 강하다. 깔끔하고 고집이 있어 자기 영역을 고수하려는 성향이 강하다.

신해(辛亥)

새로움을 추구한다. 자신을 기준으로 출발한다. 과거를 무시하고 지금부터를 중요시한다. 상관으로 작용하는 일지 해수(亥水) 중심이고 길흉이 중요하다. 다양성과 다변성이 있으며 개인성이 강해 자유롭고 탈형식을 추구한다. 재가 목적이 되면 수단 방법을 가리지 않고 결과를 낸다. 다양한 재주가 있지만, 재가 있어야 생산성이 있다. 습이 가중되면 변질되거나 변덕스러울 수 있다.

금의 공간

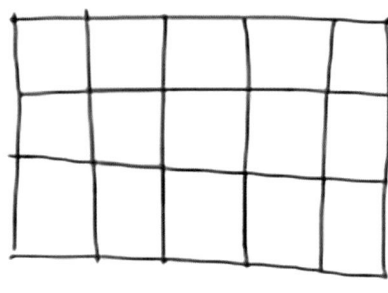

금의 공간, 물상적 표현

Keywords : 분별력, 질서화, 패턴화, 구조화, 경계가 확실하다, 폐/대장, 피부, 프로그램.

목과 화를 지나 토에서 속도를 점차 늦추고 금에서는 팽창하던 기운을 점차 안으로 수렴한다. 예를 들어 우리가 사는 도시는 금이 화를 조절하는 모습을 보인다. 복잡하게 꼬인 것을 분별해 질서화, 패턴화, 구조화해 경계를 확실히 하고 정리하는 모습이 금의 공간 특징이다. 직교와 균질 공간은 모더니즘이 등장할 때 자주 쓰던 표현이다. 참고로 모더니즘은 영국에서 산업혁명이 일어나 콘크리트와 철을 양산하고 수공예는 한물간 구시대 유물로 간주하고 기계화를 주창하며 대량생산을 구현하던 시대에 등장한 사조이다.

금 오행의 특성은 분별하고, 정리하고, 구조화하는 것이다. 자연에서 보면 봄에 씨를 뿌리고 여름에 열매를 맺어서 가을에 수확하듯이 금은 가을의 오행이며 열매의 단단한 껍질을 금으로 본다.

건축에 비유하자면 경금(庚金)은 건축의 뼈대인 구조와 외부 입면을 말하고, 신금(辛金)은 실내 공간이다. 금은 경계짓고 구분하고 나누기에 안과 밖의 개념을 만들고 질서를 유지한다. 공간적으로 시각화하면 가장 가까운 모습이 벽 또는 그리드(격자)다. 이것 말고도 더 많은 시각화가 가능하지만, 우선은 공간 요소로서 이 정도만 알아두자.

경계가 있는 것과 없는 것의 차이는 엄청나다. 땅이 있어도 소유 개념이 개입하려면 무엇보다 경계가 필요하고, 공간인지 아닌지 구분하려면 금의 개념인 벽이 필요하다. 설명을 위해 벽이라고 했을 뿐이지, 실제로 벽은 바닥을 비롯해 천장이나 울타리 등을 모두 포함한다.

생명처럼 움직이는 도시가 화의 모습이라면, 도시의 질서 유지를 위해 각종 법규로 규제하고 정리하는 것이 금의 모습이다. 인체로 말하자면, 화는 몸 안에서 움직이는 것이고, 금은 몸을 감싼 피부라고 말할 수 있다.

금은 경계를 짓기도 하지만, 개체화하는 역할도 한다. 다시 말해 화가 금을 극한다고 해서 없애거나 규제만 하는 것이 아니라 화의 무질서한 형태를 각각 구분해 질서를 만들고 개체화한다. 경금은 울타리 밖과 안의 경계를 만들고, 신금은 울타리 안에 있는 것을 구분하고 정리한다. 따라서 경금은 스케일이 있지만 둔하고 신금은 디테일하다.

이런 오행적 특징을 공간 요소로 재해석하면 도시 설계는 경금, 건축이나 인테리어 설계는 신금에 비유할 수 있겠다. 위치 에너지로 봤

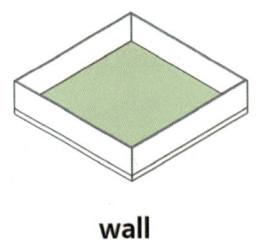 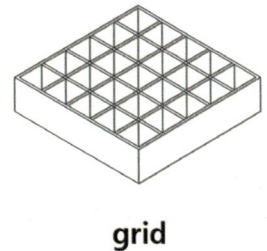

wall   **grid**

금의 공간을 표현한 다이어그램

을 때 금은 위에서 아래로 흐른다. 금생수 개념에서 보면 금에서 수로
가기 때문이다. 참고로 목은 화로 향하므로 아래서 위로 향하는 위치
에너지이다. '상승지기(上升之氣)'라고 하는 이유가 여기에 있다. 목이
개입해 화로 만들면 화를 정리해 수로 보내는 것이 금의 역할이다. 사
실 명리학의 오행 개념은 자연 현상을 생각해보면 어려울 것이 없다.

근대 건축의 대가인 르 코르뷔지에(Le Corbusier)는 건축의 5원칙을
이야기했다. 그것이 현대건축의 기본이 되었고, 지금도 많은 건축가가
르 코르뷔지에의 건축을 참고한다. 그는 5원칙 말고도 모듈러(Modular)
를 건축의 중요한 요소로 대입해 설계했다. 쉽게 말해 휴먼 스케일과
자연의 황금 비례에서 찾은 수치를 건축과 공간 설계에 적용했다. '모
듈' 개념은 지금도 아주 유용하게 사용되고 있으며, 모듈은 금의 공간
을 만들어내는 데 아주 적합한 요소이다.

르 코르뷔지에의 설계 건축 중 라 투레트(La Tourette) 수도원이 모듈

라 투레트 수도원

필자가 묵었던 수도사 방

러를 직접 볼 수 있는 작품이라고 할 수 있다. 고전적 수도원 건축에서 벗어나 새로운 건축을 제안했는데, 이것이 현대건축 최고의 작품이 되었고 2016년 유네스코 세계문화유산으로 등재되었다. 수도원 건축 형태와 공간에 건축의 5원칙을 반영했고, 그중 모듈러는 100개의 수도사 방에 적용했다. 수도사가 기도하며 머무는 공간에 휴먼 스케일을 적용했는데, 규율을 따르고 금욕을 생활화하는 수도사에게 적합한 공간이다.

독일에서 공부할 때 라 투레트의 수도사의 방에서 묵은 적이 있는데, 그때 느꼈던 묘한 기분이 아직도 생생한 기억으로 남아 있다. 한 치도 불필요한 공간이 없었고, 수면과 기도에 집중할 수 있는 공간이 되도록 모듈러를 적용했음을 확실히 느낄 수 있었다. 이처럼 금의 공간을 해석할 때 '균질의 공간' '정리' '경계' '패턴화'라는 키워드를 썼듯이 금의 공간은 매끈하게 정리되는 공간으로 보면 될 것이다.

독일 건축가 미스 반 데어 로에(Mies van der Rohe)는 근대건축, 모더니즘, 기능주의 건축을 이끌었던 사람으로 모든 것을 명료하게 분리하고 정리해 그것을 조립하던 시대의 인물이다. 그는 독일 바우하우스의 2대 교장을 지냈고, 2차 세계대전 때 유럽을 떠나 미국으로 망명한 후 근대 건축 발전에 크게 이바지했다. 미스 반 데어 로에는 바르셀로나에서 열렸던 만국박람회에서 독일 파빌리온을 설계했는데, 이는 지금까지도 모더니즘을 대표하는 건축물로 손꼽힌다.

그가 유명해지기 전에 구상한 브릭컨트리 하우스의 평면을 보면 수렴의 공간적 특징이 잘 드러나 있음을 알 수 있다. 그의 브릭컨트리 하우스 개념이 후에 바르셀로나 건축박람회의 독일관 파빌리온 설계에도 이어진 것이다.

오른쪽의 브릭하우스 개념도를 보면 금의 공간 다이어그램과 매우 비슷하다. 직교 체계로 순수한 공간들을 나누고 정리한 모습은 금의 공간적 특징을 잘 보여준다. 또한 흘러가듯이 모든 공간이 자연스럽게 연결된 상태는 수의 공간으로도 연결된다.

브릭하우스와 파빌리온 두 작품을 나란히 비교하면 하나는 2차원으로 표현했고, 다른 하나는 입체적 공간, 즉 3차원으로 표현했다는 차이 말고는 매우 유사하다는 인상을 받게 된다.

참고로 그 시대에는 공간에 시간의 개념을 적용해 표현하는 방식이 유행했는데, 이는 당시 과학계에서 발표한 새로운 시공간 개념에 영향을 받았기 때문이다.

건축뿐 아니라 미술계에서도 그대로 보이는 이차원적 풍경화만 그리지 않고 여러 시점을 동시에 한 장면에 담아 표현하는 입체파가 등장하는 등 현대 미술이 태동하던 시기이기도 해서 건축과도 서로 영향을 주고받았을 것이다.

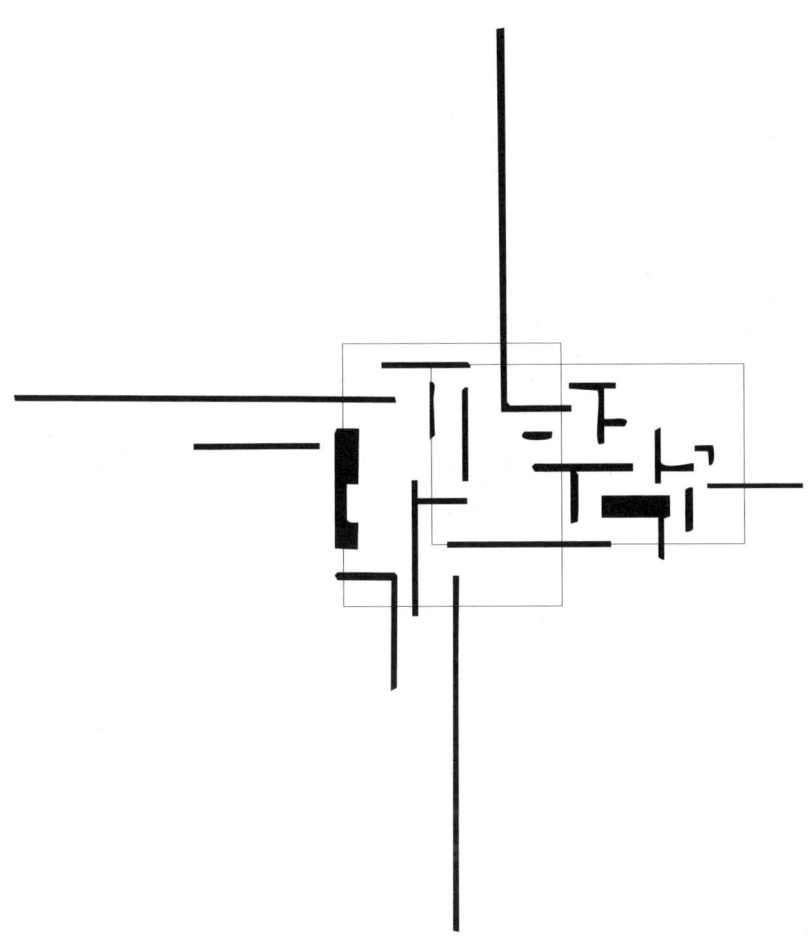

브릭하우스 개념도

바르셀로나 파빌리온

금이 부족/과다할 때

금 오행은 정리하는 특성이 가장 강하다. 경계를 만들고 구분 짓고, 확인하는 성향이 강하다. 사주에 금 오행이 없거나 부족하면 판단력이 떨어져 우유부단하거나 결정하는 힘이 약하다고 할 수 있다. 다시 말해 맺고 끊는 힘이 약하다 보니 사람 좋다는 말은 들을 수 있어도 정확하고 확실한 사람이라는 평가를 받기 어렵다.

이해하기 쉬운 물상으로는 교통 법규를 따르는 도로가 대표적이다. 교통 신호에 따라 질서 있게 물 흐르듯 진행하는 상황이 금 오행의 모습이다. 만일 운전자들이 하루만이라도 교통 법규를 무시하고 운전한다면, 도로는 아수라장이 된다. 아파트 단지도 금 오행에 가깝다. 평형별로 구획된 규칙적인 상태가 구분과 정리를 뜻하며 관리하기도 쉬운 특성 때문이다.

이처럼 금 오행이 있어야 질서가 유지되고 정리도 된다. 오행에 따라 다르지만, 일간이 목 오행일 때 금은 관성(官星)으로 작용한다. 관성은 외부에서 정해 놓은 규정, 규율, 규칙을 따르게 하는 힘이다. 국가의 법률이나 학교의 규율이 관성에 해당한다.

사주에 관성이 적당히 있으면 규칙이나 조직이 정해 놓은 규율을 별 어려움 없이 따르지만, 관성이 없다면 직장 생활 같은 조직 생활을 견디기 어려워한다. 좋게 표현하자면 무관성 사주는 자유로운 영혼인 셈이다.

이와 반대로 금이 왕하면(많거나 근이 있을 때) 끊어내고 정리하려고 해 차갑다는 소리를 들을 수 있다. 하지만 정해 놓은 것에는 별 문제 없이 잘 적응하는 성향이 있어 조직 생활에는 잘 맞는다. 남들에게는 답답해 보일 수 있으나 정작 자신은 편할 수 있다. 이처럼 금 오행은 사주에 따라 긍정적으로도, 부정적으로도 작용할 수 있는데, 부정적으로 작용한다면 공간 디자인으로 조정할 수 있다.

금 오행이 부족해 늘 주변이 어수선한 학생의 방이라면, 금의 공간 디자인을 적용해 공부에 집중하게 할 수 있다. 청소년기는 목 오행이 가장 왕성하게 작용하는 시기여서(타고난 사주와 상관없이) 적절한 금 오행의 개입이 필요하다. 물론 창의력을 길러야 하는 예술가 타입이나 자유로운 성향을 더 강화해야 하는 사람에게는 조심스럽게 적용해야 한다. 자유롭게 방임하는 것이 도움이 되는 직업을 꿈꾼다면 금 오행보다 화 오행이나 목 오행이 더 도움이 될 수 있으므로 그의 사주와 대운의 흐름을 보고 신중하게 판단해야 한다.

금의 공간이 필요한 사람은 화가 많고 정리가 안 되는 사람이다. 또는 목인데 수가 약하거나 정리가 필요한 사람도 금의 공간이 필요하다.

옆의 도표 a 사주는 토가 많고 금은 하나뿐이어서 금이 토에 묻혀 잘 드러나지 못한다. 금이 너무 강한 것도 문제가 될 수 있지만, 이렇게 매금이 되어 필요할 때 쓰이지 못하는 것도 문제가 된다. 이런 사람에게 수의 공간과 금의 공간을 조성해 필요한 금 기운을 보충해주면 개운에 도움이 된다.

시주	일주	월주	연주
편재	본원	정재	편재
己	乙	戊	己
卯	丑	辰	酉
비견	편재	정재	편관
甲乙	癸辛己	乙癸戊	庚辛
건록	쇠	관대	절

a. 금이 부족한 사주

시주	일주	월주	연주
정재	본원	상관	상관
辛	丙	己	己
卯	申	巳	未
정인	편재	비견	상관
甲乙	戊壬庚	戊庚丙	丁乙己
목욕	병	건록	쇠

b. 금과 토가 강하고
수, 목이 절실한 사주

　　반면, 금이 너무 강하고 수가 없거나 토가 왕할 때는 수의 공간과 목의 공간이 필요하다. 자기 취미를 위한 수의 공간이나 강한 토를 소토할 목의 공간을 마련해주면 된다. 동쪽으로 창을 내거나 우드톤의 인테리어 또는 공간과 공간 사이를 목극토 할 수 있는 요소로 연출하는 방법이 있다.

목극토의 공간

금의 공간으로 개운하기

다음과 같은 사주는 명리 공간으로 개운할 수 있다. 단, 금 오행이 기신으로 작용하지 않는 경우에만 적용할 수 있다.

수 일간인데 금이 없는 사람(인성이 없는 경우)

수 일간인데 금이 없으면 원천수가 없는 것과 같다. 새로워지고 정화하는 기능이 없어 신약한 사주이다.

토 일간인데 금이 없는 사람(식상이 없는 경우)

토가 많은 사주인데 금이 없으면 토 기운이 설기가 안 되어 고집이 세지거나 목 관성이 세져서 본인이 원하는 대로 살지 못할 수 있다.

화 일간인데 금이 절실한 사람(재성이 없는 경우)

금이 없다는 것은 열매가 없고 일을 해도 결과가 없다는 것이다.

금 일간으로 지지에 근이 필요한 사람(비겁이 없는 경우)

지지에 금이 없고 신약한 사주이면 결단력이 약하고 남에게 휘둘릴 수 있다. 부탁을 거절하지 못해 인간관계에서 손해를 볼 수 있다.

목 일간인데, 금이 없는 사람(관성이 없는 경우)

금 기운으로 일간 목을 잘 다듬어줘야 하는데, 금이 없으면 나무가 지저분하게 자라듯이 관리가 되지 않을 수 있으며 결정 장애가 생긴다.

개운을 위한 명리 공간 조성법

형태 : 반듯하고 평평하며 각진 모습. 직교와 경계. 경금의 공간은 외부로 둘러싸인 담 같은 형태이고 신금의 공간은 내부로 각각 구분된 형태이다.
공간 요소 : 서향으로 창이 나 있는 방, 매끈함, 외부 스킨(입면), 정리가 잘된 수납장, 담, 벽
재료 : 금속, 유리
방위 : 서, 서남, 북서
색상 : 은색, 흰색 계열
숫자 : 4, 9

금은 정리하는 힘, 수축하는 힘이어서 불필요했던 것이 떨어져 나가고 알갱이만 남는다. 금의 특성은 분별력인데 '화극금'이 되어야 발휘할 수 있다. 금 오행을 잘 쓰면 효율성이 좋다. 금이 부족하면 생각이 떠올라도 정리되지 않으니 글쓰기가 도움이 된다. 내적 활동이 좋으며 수 기운과 화 기운의 도움이 필요하다. 휴식은 수 기운을 보충해주니 때로는 쉬는 것도 좋은 방법이다.

수水 일간
임수, 계수

수(水) 오행은 말 그대로 물이라고 생각하면 이해하기 쉽다. 수는 안으로 응집하는 힘이다. 예컨대 유리컵에 찬물을 담았을 때 송골송골 맺히는 물방울이나 차가운 금속에 맺히는 물방울이다. 이것 말고도 강이나 바다, 시냇물, 부슬부슬 내리는 비, 안개 등 수 오행의 물상은 다양한데, 열매 속 과육에 싸여 있는 씨앗처럼 생명이 응집된 모습도 수의 물상으로 본다. 이처럼 물이라고 해서 물만 수가 아니고 눈에 보이지 않는 비가시적 세계도 수의 세계로 해석한다. 수는 목, 화, 토, 금의 관계에서 가시적으로 드러난다.

수는 흐르는 '유(流)'와 적시는 '윤(潤)'으로 나눠 구분한다. 물은 모여서 강을 이루고 바다를 이루는데, 이처럼 커다랗게 모여 있는 물은 겉으로 보기에는 멈춰 있는 것처럼 보이지만, 그 안에는 흐름이 있다. 그런 물을 '유하는 물'이라고 한다.

사주를 볼 때 '윤'과 '유'하는 물을 구분해 파악하는 것이 매우 중요하다. 윤하는 물은 나무 같은 다른 대상을 통해 나타나기 때문에 존재가 잘 드러나지 않지만 이것 또한 수이다.

수는 주로 정신 세계를 의미하며 지적 상태, 즉 지식을 소화해 본인의 삶에 녹여내는 것을 말하기도 한다. 천간의 수는 임수(壬水)와 계수(癸水)가 있고, 임수는 바다나 강처럼 크고 모여 있는 수를 의미하고, 계수는 계곡에 흐르는 물이나 시냇물 같은 물상으로 이해하면 된다.

임수의 성정은 상황이나 환경에 따라 적응하는 힘이 있으며, 지혜의 근원으로서 연구 능력이 뛰어나다. 겉모습은 조용하고 변화 없어 보이나 속은 유동적이고 격정적이다. 임수 일간인데 사주에 갑목이나 무토가 없으면 흐름이 막혀서 수의 기능을 상실할 수 있다.

앞서 계수는 주로 윤하는 물로 변화무쌍하고 주변 대상을 통해 자신을 드러낸다고 했는데, 예를 들어 가랑비에 젖은 소나무를 상상하면 될 것이다. 촉촉한 이슬이나 사람이 마시고 쓸 수 있는 물이 계수이다. 또한 계수는 60간지 중에 마지막으로 음의 성질이 가장 강해 '음 중의 음'이라고도 한다.

어둠과 밝음, 우울과 명랑이 공존할 수 있고, 환경에 잘 적응한다. 감정이 풍부해 변덕이 심하거나 쉽사리 싫증을 낼 수도 있다. 집중하지 못해서 윤하는 대상이 있어야 한다. 어떤 상황이라도 궁색하지 않으며 환경에 따라 변화하는 적응력이 뛰어나지만, 줏대가 없어 보여 리더보다 참모 역할이 나을 수 있다. 또한 스스로 자기 꾀에 빠질 수 있으니 주의해야 한다.

계수는 사주의 조후*를 조절하는 역할을 한다. 조열한 사주에 계수 한 글자라도 있으면 조열함이 조절되어 사주의 기운이 바뀐다. 촉촉하게 내리는 비나 이슬처럼 스며드는 물이라 한여름의 뜨거운 열기를 식혀주기에 누구에게나 환영받는다.

지지에서 계수는 해수(亥水)와 자수(子水)인데, 자수는 쥐를 뜻하고 방위는 정북 방향이다. 시간은 밤 12시로 수 기운이 가장 응집된 때이다. 해수는 돼지이고 흐르는 수이다. 또 해수는 계속 모이는 성질이 있어 많은 것이 모인 상태로 보고 음의 기운이 가장 세다고 한다.

수를 의미하는 색은 검정 또는 흑색이며 방위는 북쪽이다. 2024년이 계묘년이었는데 계는 수 중의 음수로 검은색이고, 묘는 목이자 토끼이다. 그런 이유로 계묘년을 검은 토끼의 해라고 부른 것이다.

---

* 사주의 한난조습 중에서 너무 난하고 조한 사주는 계수의 습을 반긴다.

수 일주별 특징

임자(壬子)

임수(壬水)는 고요하고 잠잠하다. 겉으로는 너그럽지만 속은 냉정하다. 속을 알 수 없다. 타자 인식이 빠르고 남에게 지지 않으려고 해 무모함이 있다. 자기 조절 능력이 부족하고 결과 인지 능력도 부족할 수 있다.

임인(壬寅)

일지 인목(寅木)이 임수의 수생목을 받는 형상이라 식신 중심이다. 자기표현이 강하고 언어 능력이 좋다. 밖으로 나가려는 에너지가 강하다. 일지가 식신이어서 기본적으로 의식주 걱정이 없다.

임진(壬辰)

진토(辰土) 편관 작용으로 개인적 성향이 강하다. 타자 인식 능력이 뛰어나다. 외부 규칙을 따르는 것처럼 보이지만, 자기 위주로 판단하고 행동하려는 경향이 강하다.

임오(壬午)

일지 오화(午火)가 정재(正財)여서 일지에 집중한다. 정재는 자기 몫에 집중하는 힘이 강하고 알뜰하다. 반면, 세상을 바라보는 시야가 좁을 수 있다. 오화가 열로 변하면 임수(壬水)가 끓을 수 있으니 조심해야 한다.

임신(壬申)

일지 신금(辛金)이 생지라 임수의 수량을 많아지게 한다. 정신적 에너지가 많다. 시작이 빨라 앞서 나가고 순발력이 있다. 사유 체계가 동적이다. 화오행이 일지 신금을 어떻게 자극하는지에 따라 잘 맞춰 적응한다.

임술(壬戌)

일지 술토(戌土) 편관이 주도한다. 고집이 세고 과감하며 독단적이다. 강성으로 보이며, 맺고 끊는 것이 분명하다. 편관이 살로 작용할 때는 건강에 유의해야 한다.

계축(癸丑)

일지 축토(丑土)는 응축된 힘을 쓰기에 지속력이 강하다. 뚝심이 있어 중도에 포기하지 않는다. 편관을 자기 입장에서 사용한다.

계묘(癸卯)

결과 예측을 잘한다. 디테일하고 전문적이며 재주가 많다. 일지가 식신(食神)으로 습만 해결하면 능력 발휘를 할 수 있다. 하는 일이 왜곡되거나 꼬일 수 있으니 주의해야 한다.

계사(癸巳)

주변을 보는 능력이 좋아 참모 역할을 잘한다. 계산 능력이 좋고, 분위기 조성 능력도 탁월하다. 자체적으로 조후가 되어 느긋하나 전투력이 없어 보일 수 있다. 직업적으로는 지원 업무가 적합하다.

계미(癸未)

미토 편관에 맞춰져 있다. 지원하는 일에 능하다. 주변 환경에 잘 맞춘다. 타인을 배려한다. 무난하고 두드러져 보이지 않는다. 편관에 맞춰 에너지를 쓴다.

계유(癸酉)

맑고 깨끗하고 순수하며 까다롭지만 정밀하다. 사주가 차갑고 건조하면 결벽이 있을 수 있다. 유금(酉金) 편인은 전문성을 뜻하나 목적이 맞지 않으면 사유 체계가 한정적이다. 자기 패턴을 벗어나지 못하는 성향이 있다. 예민하고 입이 짧다. 까다롭고 남들과 섞이기 어렵다.

계해(癸亥)

계수는 윤하는 것이 본모습이지만, 해수가 일지로 오면 간여지동(干與支同)이 되어 유하려고 한다. 본인의 의지로 직접 하려고 한다. 이때 갑목이 있으면 능력이 드러나지만, 없는 경우에는 사주가 습한지를 주의해서 살펴야 한다.

수의 공간

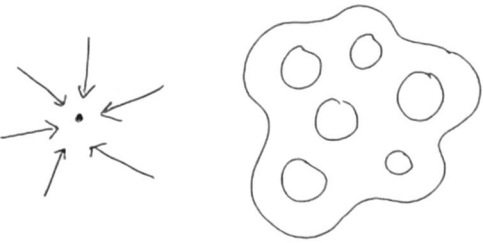

수의 공간, 물상적 표현

Keywords : 점, 원, 정지, 어두움, 응집력, 응축력, 하강, 정화, 재생, 성찰(명상), 호르몬, 뼈, 수생목일 때 혈관, 북쪽, 검은색, 노드(node)

수는 유동성과 적응력 및 감정 등을 상징한다. 또한, 지혜와 직관력, 지속성과 잠재력을 나타낸다. 수는 안으로 응집하고, 더욱 응축되어 보이지 않는 에너지로 전환한다. 모여서 아래로 흐르는 성질이 있다. 다 모이면 하나로 응집된다. 비가시적인 것, 분화되기 이전, 태고 상태를 그대로 간직하고 있다.

수의 대표적 작용은 잠이다. 수는 보이지 않는 영역이다. 다시 말해 목, 화, 토, 금이 작용할 때 보이지 않는 기반이 된다. 금의 공간과 수의 공간은 서로 연결된 고리가 강하다. 앞서 언급했듯이 금은 수를 생하는 금생수[*] 작용을 한다. 수는 금을 통해 맑아지고 깨끗하게 모여 흐른

*물상으로 말하면 바위에서 샘이 솟아나거나 정수기에서 물이 금속필터를 통해 정수되는 것을 떠

다. 수의 공간은 명리 공간에서 중요한 역할을 하며, 적절히 활용하면 흐름, 적응력, 안정성, 잠재력 등을 유도해 길운을 창출할 수 있다.

명리 공간에서 수의 공간은 사유의 공간으로 본다. 사유란 단순히 생각하는 것도 있지만 자기 내면을 깊이 들여다보는 명상도 포함한다. 수의 공간을 사유와 명상의 공간으로 여기는 이유는 수의 특징에서 찾을 수 있다.

수에는 정화하고 새롭게 하는 힘이 있다. 예부터 세례를 받거나 씻김굿을 받을 때 해왔던 의식에는 언제나 물이 있었다. 세례 요한이나 예수가 야훼의 부르심을 받고 깨끗해짐을 얻기 위해 물속에서 세례를 받았듯이 우리 문화에도 의식을 치를 때 손을 닦는다든지 몸을 정갈하게 씻는 절차가 확고하게 자리 잡고 있다.

수는 '아래로 흐른다'는 성질이 말해주듯이 궁극적으로 한 곳, 한 지점으로 모인다. 수를 공간적으로 표현하면 원이다. A처럼 원을 닫아 놓으면 모여 있고, C처럼 한쪽을 열어놓으면 흐른다. 수의 위치 에너지는 위에서 아래로 흐르기에 기하학적 좌표 개념을 차용할 수 있다.

노자의 『도덕경(道德經)』에 '가장 훌륭한 것은 물처럼 되는 일'이라는 '상선약수(上善若水)' 이야기가 나오는데, 물의 속성을 잘 드러내고 있다. 물은 세상 만물을 생기있게 만들고, 성장하게 하는 자양분이다. 본연의 성질대로 위에서 아래로 흐르면서 막히면 돌아가고 기꺼이 낮은 곳에 머문다.

올리면 된다.

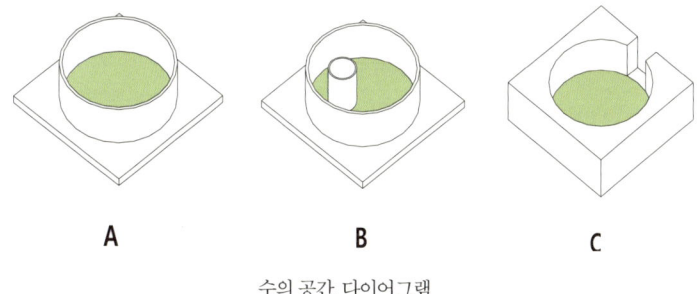

A   B   C

수의 공간, 다이어그램

　도가(道家)에서는 물을 으뜸가는 선의 경지로 여긴다. 둥근 그릇에 담으면 둥근 모양이 되고, 네모난 그릇에 담으면 네모난 모양이 되듯 유연하고 항시 변화에 능동적이다. 모든 생명에게 유익하고, 어떤 상대와도 이익 다툼이 없는 성질을 갖추고 있다.

　순수하고 가벼운 무게감이 느껴지는 이미지와 흐르는 공간에서 잠시 멈추는 쉼을 표현하는 디자인, 다시 말해 고요한 물 같지만 내면의 역동성을 느끼게 하는 공간 조성이 수를 콘셉트로 한 공간 디자인이라고 할 수 있다.

　스티븐 홀은 물의 반사를 이용해 주변 상황을 공간에 담는다. 물결의 움직임과 물에 반사되는 빛의 색채, 물에 비친 주변 모습이 새로운 색채 요소로 사용된다. 이처럼 그가 말하는 현상학적 건축에서 물은 매우 중요한 매개이다. 이때 물을 '현상학적 렌즈'라고 말하는데, 빛의 반사와 굴절, 광량의 변화와 공간의 역전 등 물의 현상학적 성격을 중시하는 방법이다.

스티븐 홀은 "현상의 경험, 즉 물체의 지각과는 구별되는 공간과 시간에서의 감각은 건축을 위해 이론적 토대를 제공한다. (중략) 지각의 문제를 다룰 때 현상학은 걸으며 건물을 보고, 만지고 또 소리를 들음으로써 건축을 경험하게 한다."라고 했다. 이처럼 그의 건축관은 공간의 지각과 감각 경험을 통해 현상학적 공간을 체험하게 한다.

그는 지각과 감각의 경험이 서로 얽히는 현상학적 건축 공간을 매개로 정신과 신체, 신체와 세계의 상호 얽힘(Interwining)을 인식하는 것이 중요하다고 강조한다. 『지각의 탐구(Questions of Perception)』(1994)와 『상호 얽힘(Interwining)』(1996)에서 그는 건축으로 감각적이고 살아 있는 상호 얽힘을 만들 수 있다고 말한다. 빛, 색채, 물, 소리 등의 현상적 영역(phenomenon zone)은 지각적 현상-시각은 물론 촉각, 청각, 후각, 미각 등-의 상호 얽힘이 만들어낸 결과이다. 하나의 감각적 영역 이미지가 다른 감각적 영역 이미지와 상호 작용하여 통합한다. 이처럼 드러난 현상적 영역은 빛과 재료의 물성과 신체의 움직임이 결합해 공간으로 구체화한다는 것이다. 또한, 상호 얽힌 지각적 중첩 현상으로 교직의 공간(Interwined space)을 만들어냈는데, 이는 공간을 빛과 색채, 기하학 등 디테일한 재료가 상호 얽혀 짜인 연속체로 파악한 데서 비롯한다.

일본 건축가 다니구치 요시오(谷口吉生)는 가나자와에 있는 스즈키 뮤지엄(鈴木大拙館)을 설계할 때 수의 공간을 하나의 공간 요소로 사용했다. '현관동', '전시동', '사색 공간동' 등 3개 구역을 복도로 연결하면서 현관 정원과 노지 정원, 수경 정원을 구성했다. 여기서 수경 정원이 수의 공간인데, 이것이 사색과 명상의 공간이다. 바람에 흐르는 물결을

스즈키 뮤지엄

바라보면 수의 에너지를 느낄 수 있고 자신의 내면을 깊이 들여다볼 힘이 생긴다. 내부에서 밖으로 문이 세 방향으로 나 있는데, 안은 어둡고 밖은 밝아 사색의 에너지인 수의 공간이 더욱 잘 인식되게 했다.

재일 한국인 건축가 이타미 준(伊丹潤, 한국 이름 庚東龍)이 노아의 방주를 모티브로 설계한 제주도의 방주교회도 수의 공간을 활용했다. 물을 적극 사용해 세속과 경계를 짓고 영성이 충만한 분위기를 자아낸다. 방주를 모티브로 삼았듯이 수의 공간을 외부 요소로 잘 활용했다. 성스러운 종교적 공간으로 진입하기 전 단계의 중간 장치 역할을 하게 한 것이다. 이처럼 수는 깨끗함, 씻음, 정화, 안식의 요소로 공간 디자인할 때 이를 구현할 수 있다. 물론 수의 공간이라고 해서 단순히 수경 공

제주 방주교회

간만을 말하는 것은 아니다. 사주에 수가 필요하다고 해서 연못을 만들거나 어항을 두는 식으로 대응할 것이 아니라 수의 에너지를 느끼고 얻을 수 있는 공간으로 디자인하고 활용하는 것이 중요하다.

이런 수의 공간은 동양에서도 쉽게 찾아볼 수 있다. 가까운 일본에서는 다도를 매우 중요시한다. 다도는 수양의 태도로 이루어지기에 다실은 일반 공간과 달리 미학적 측면에서 다뤄진다. 메이지 시대 오카쿠라 덴신(岡倉天心)은 『차의 책(茶の本)』에서 일본의 다도 철학과 문화, 역사적 배경을 설명한 바 있다. 그러나 일본 건축에서 별도의 다실을 만든 사람은 일본 다도를 대표하는 위대한 다인, 센노 리큐(千利休)인

일본의 다실

데, 16세기 도요토미 히데요시의 후원 아래 차노유(茶の湯) 형식을 가장 완성된 형태로 끌어올렸다. 막부와 사무라이 시대에 다실을 중용의 공간이자 우주의 중심으로 간주했던 것은 어쩌면 당연한 일일지도 모른다. 세상을 칼과 권력으로 다스리던 시대의 사무라이들은 서로 칼을 내려놓고 다실에서 오롯이 인간 본연의 모습으로 마주 앉았다. 다실에서 예술 정신이 자유롭게 발현할 수 있었던 이유가 여기에 있다.

센노 리큐가 중요하게 여겼던 또 다른 요소는 다실에 딸린 정원 '노지(露地)'였다. 노지는 명상으로 들어가는 첫 단계이자 '자신을 비추는 길'이다. 고요함 속에서 마음의 정화를 이루는 단계로 노지를 통해 다실로 들어가 진정한 우주 속의 자신과 조우하는 것이다.

일본 조경의 노지

이런 다실도 수의 공간이라고 볼 수 있는데, 현대인에게 무엇보다 필요한 공간이 아닐까. 현대 사회가 복잡하고 다양해질수록 미니멀리즘을 추구하고, 명상의 시간을 갖기 원하는 것은 당연하다.

그렇다면 우리가 생활하는 공간에서 어떤 공간이 수의 공간일까? 명상하는 공간 또는 잠자는 공간을 수의 공간으로 보면 된다. 그 밖에도 다양한 공간을 수의 공간으로 정의할 수 있다.

수의 특성은 어두움이요, 죽음의 의미도 내포한다. 이는 다른 말로 수면과도 통한다. 잠자는 행위를 죽은 상태에 있다가 다시 살아나는 것이라고도 하는데, 사람은 잠을 자야 살 수 있다. 하루 동안 몸속에 쌓인 노폐물뿐 아니라 나쁜 기억을 털어버리고 좋은 생각을 정리하는 시간이기 때문이다. 그런 측면에서 수의 공간은 살아가는 데 반드시 필요하다.

일본 디자이너 하라 켄야(原研哉)의 『저공비행(低空飛行)』에 따르면, 몸과 마음을 맑게 하는 '심리적 스위치'가 중요하다. 현관과 바닥의 단차, 세심하게 마련된 난간, 신발을 벗고 신을 때 앉는 의자, 발판 등을 질서 정연하게 배치하는 것도 심리적 스위치에 해당한다고 한다. 이런 것들이 바로 수의 행위이다. 일상에서도 수의 공간을 찾고 또 만드는 일이 우리 삶을 풍요롭고 여유롭게 만든다.

수가 부족/과다할 때

수 오행은 생명의 시작일 수도 있고 끝일 수도 있다. '물'이라는 자연의 특성을 살펴보면, 모든 생명은 물로 구성되어 있고, 물이 없으면 생명체는 생존할 수 없다. 이처럼 수 오행은 시작이자 끝이다.

수 오행이 없으면 일단 쉼이 부족한 사주라고 할 수 있다. 물론 사주에 토가 많으면 멈춤, 쉼 등이 되지만, 토 오행도 없고 수 오행도 없는데 화 오행만 있다면 수의 기운으로 개운을 해줘야 한다.

수 오행을 생각으로 해석할 수 있는데, 사주에 수가 많으면 생각만 많고 행동하지 못하므로 수 오행을 덜어내야 한다.

아래 도표의 사주는 검은 색으로 표시된 수 오행이 여덟 글자 중에 네 개나 있다. 연주, 즉 좌측 사주는 위아래가 같은 검은색으로 오행이

시주	일주	월주	연주
상관	본원	정인	정인
丙	乙	壬	壬
子	未	寅	子
편인	편재	겁재	편인
壬癸	丁乙己	戊丙甲	壬癸
병	양	제왕	병

수가 많은 사주

시주	일주	월주	연주
편관	본원	편관	정인
丁	辛	丁	戊
酉	巳	巳	寅
비견	정관	정관	정재
庚辛	戊庚丙	戊庚丙	戊丙甲
건록	사	사	태

수가 부족한 사주

같은 간여지동이다. 이런 경우, 수 기운이 더 강해진다. 오른쪽 두 번째 칸 월간은 부모를 의미하는데, 십성으로 정인인 것을 보면 부모에게서 큰 영향을 받았으며, 같은 이유로 스스로 문제를 헤쳐나가기 어렵다고 도 볼 수 있다.

또한 정인과 편인이 둘 다 작용해 사회 규범을 잘 지키고, 옳다고 판단한 일은 올곧게 밀고 나가는 힘도 있지만, 편인 작용으로 자기가 천착하는 것에 몰입해 한쪽으로 치우치는 성향도 강하다.

이런 편인이 네 개나 있으니 생각이 많고 결정을 쉽게 내리지 못한 다. 결정하더라도 행동에 옮기기가 쉽지 않다. 이럴 때는 수 오행을 잘 통하게 해주는 목 오행이 있어야 좋다. 목이 사주에 있거나 대운으로 들어오면 가장 좋지만, 그런 경우가 아니라면 공간 디자인으로 개운할 수 있다.

이제 오른쪽 도표의 사주를 보자. 전형적으로 수가 부족한 사주이 다. 화가 왕한데 금 일간이라 수가 절대적으로 필요하다. 금 일간은 수 가 있어야 에너지를 보완하고 기운이 맑아진다. 사주에 수가 없으면 공간으로 개운할 수 있다.

수의 공간을 살펴보기로 하자. 다음 페이지의 사진은 연희동에 있 는 카페 '앤트러사이트'이다. 카페라고 하면 대체로 두세 명이 모여 앉 을 수 있는 테이블이 있고 바가 있는데, 이곳은 미술관 같기도 하고 명 상하는 곳처럼 비워둔 공간이 있다. 좌석은 긴 테이블 하나뿐이어서 다른 손님들과 함께 앉아야 한다. 혼자 일하기 좋게 만든 테이블이나 창밖 풍경이 보이도록 배치한 의자는 수의 공간이라고 할 수 있다.

앤트러사이트 연희점

앞서 수는 모이고, 정화하고. 치유한다는 의미가 있다고 했다. 연희동의 또 다른 카페 '새라울' 은 지상 2층, 지하 1층 규모의 건물을 리모델링해 만든 공간이다. SNS에 올라온 중정 사진이 궁금해서 가봤다. 중정은 앞서 말했듯이 수의 공간이다. 원래 이 건물은 주택이었던 것 같은데 이미 독특하게 설계되어 있었다. 수 공간이라고 물만 채워놓기보다는 돌과 대나무를 배치하고, 샘물이 솟는 듯이 연출한 모습이 공간을 지루하지 않게 한다. 아울러 공간을 작게 분절해 다양한 변화를 유도한다. 수는 생명의 근원이기에 이런 공간이 주는 힘이 크다.

지하 1층까지 중정을 내어 깊은 공간으로 수의 공간을 연출한 디자인은 사람들을 이 카페로 불러들인다. 이곳에서 사람들은 수

새라울 카페 연희점

로부터 생명의 기운을 느낀다. 수의 공간이 필요한 사람이라면 참고할
만하다.

일본 테시마(豊島) 미술관은 정화의 의미를 잘 보여주는 곳이다. 이
곳의 가장 큰 특징은 공간 자체가 전시장이자 예술 작품이라는 점이
다. 테시마 미술관은 니시자와 류에(西沢立衛)가 설계했는데, 이 미술관
덕분에 한때 쓰레기 섬이었던 테시마가 활력을 되찾았다. 미술관 안에
가만히 앉아 있으면 새소리, 물소리, 바람 소리 등 자연에서 나는 소리
와 공기가 울리는 소리가 어우러져서 궁극의 공간 체험을 하게 된다.

천장에 뚫린 원형 개구부로 순간순간 바뀌는 하늘과 나무가 보이
는데, 테시마 미술관 감상의 백미는 무엇보다도 물방울이다. 천장에
맺힌 물방울이 모여 한 줄기 흐름을 만들고 미술관 안으로 흘러내린
다. 그런 모습을 바라보노라면 자연과 하나가 되는 몰아일체의 경험을
하게 된다.

수는 사람을 모이게 하는 힘이 있고 마음을 깨끗하게 한다. 그동안
세상에서 더럽혀졌던 마음을 치유하고 새로운 자신이 되게 하는 힘을
갖춘 곳이 수의 공간이다. 수가 많은 사람은 오히려 생각이 더 깊어지
고 묶일 수 있으니 조절해야 한다. 수가 부족한 사람은 이런 에너지를
받아 근원적인 치유를 받을 수 있다.

수는 기하학적 형태로 원, 구, 곡선 등에 해당한다. 힘은 밖에서 안
으로 흐르며, 물방울이 물상적으로 수의 가장 가까운 형태이다.

테시마 미술관

애플 사옥

영국 건축가 노먼 포스터(Norman Foster)가 설계한 애플 사옥도 수의 성질이 잘 드러난 사례이다. 수의 성질은 모이는 것이며, 데이터도 역시 한곳으로 모인다. 데이터를 모아 가공한 형태를 '정보'라고 하는데, 이를 명리학에서는 자수로 본다.

애플은 데이터와 정보를 활용하는 기업인데 원형 디자인 사옥이 마치 자수를 상징하는 듯하다. 오행적 해석에도 들어맞는 탁월한 선택이 아닐 수 없다. 디자인 형태로 완벽한 모습인 원은 단순해 보이지만 매우 어려운 형태이며, 정적이지만 동적이다. 수의 공간을 이해하는 데 애플 사옥만 한 건축은 없을 것이다.

야시마루

　일본 다카마쓰 야시마에 있는 복합문화교류센터 야시마루(やしまー
る)는 '삼차원 산책로'라는 콘셉트로 지은 건물이다. 르 코르뷔지에의
'건축적 산책로'라는 표현이 떠오르는 공간이다. 일본의 유명한 건축가
그룹 'SANAA' 출신 다나카 스오(田中素夫)가 디자인을 맡았는데 물이
흐르는 모습을 떠올리게 한다. 절묘한 곡선을 따라 안과 밖이 교차하
는 공간 디자인은 다양한 변화를 경험할 수 있게 한다. 정말이지 탁월
한 디자인이다. 부드러운 곡선과 부담스럽지 않은 램프를 따라 오르다
보면 세토 내해가 한눈에 들어온다. 지혜롭고 역동적이며, 자연과 하
나가 되는 수의 공간으로 해석할 수 있다.

뱀이 똬리를 튼 모습 같기도 하고 물길이 굽이치는 모습처럼 보이기도 한다. 한마디로 야시마루는 흐르는 물, 즉 유하는 계수의 공간이다.

한국 전통 사찰은 풍수지리적으로 좋은 위치에 있다. 그런데 일설에 의하면 원래는 터가 좋지 않은 곳에 지은 사찰도 불심으로 좋은 기운을 가진 땅으로 변하게 했다고 한다.

진관사로 올라가는
길에 보이는 수로

    진관사(津寬)는 여승 사찰이다. 당연히 주지 스님도 여승이다. 천년 고찰이라고 불릴 정도로 역사가 깊고 사찰 음식도 유명하다. 북한산 자락 사찰로 오르는 길이 가파르지 않아 힘들지 않고, 계곡에서 흘러 내리는 물이 불심 가득한 신도와 방문객의 마음을 맑게 씻어준다.

    이처럼 수 오행은 정화의 도구로 쓰이기에 정신적 의미가 크다. 수 기운이 부족하면 집중하기도 어렵고 편히 쉬지도 못하니 영성이 깃든 장소를 찾거나 명상하는 것이 도움이 된다.

수 오행을 물상으로 표현

수의 공간으로 개운하기

다음과 같은 사주는 명리 공간으로 개운할 수 있다. 단, 수 오행이 기신으로 작용하지 않는 경우에만 적용할 수 있다.

금 일간인데 수가 없는 사람(식상이 없는 경우)
쉬는 법을 모르고 일중독으로 살 수 있다.

토 일간인데 수가 없는 사람(재성이 없는 경우)
토가 너무 단단해져 유연하지 못하고 고집이 셀 수 있다.

목 일간인데 수가 절실한 사람(인성이 없는 경우)
목 일간에게 수는 인성으로 작용해 주변에 도와주는 사람이나 스승이 없을 수 있다.

수 일간으로 지지에 근이 필요한 사람(비겁이 없는 경우)
수 일간인데 지지에 금 오행이 없거나 수 오행인 비겁(比劫)이 없으면 신약하다. 일을 시작은 해도 끝까지 해낼 힘이 없을 수 있다. 금 기운이 강한 사주는 수 기운이 너무 설기(調侯)*당해서 기운이 약해질 수 있다.

....
* 특정한 기운이나 세력이 새어나가 소멸되거나 약화되는 것을 의미한다.

화 일간인데 수가 없는 사람(관성이 없는 경우)

화가 왕하고 수가 없어서 조후가 뜨거운 사주이다.

개운을 위한 명리 공간 조성법

형태 : 씨앗처럼 힘이 안으로 모여 단단해진 상태, 구의 형태, 낮고 무거운, 무
　　　게 중심이 아래에 있는 모습, 점, 원, 낮게 흐르는 느낌, 구불구불. 임수
　　　의 공간은 차분하고 고요한 넓은 미술관 같은 곳이며, 계수의 공간은 다
　　　실처럼 소소하게 차분한 느낌.
공간 요소 : 명상실, 서재, 음악실, 침실
방위 : 북, 북서, 북동
색상 : 검은색, 흑색 계열
재료 : 물, 공기, 수증기
숫자 : 1, 6

수는 완전히 멈추게 해 모든 것을 정지시킨다. 죽음이고 잠이다. 한편
으로 지혜나 유연함을 의미하기도 한다. 수가 부족하면 수면의 질이 좋
지 않다. 충분히 자도 회복되지 않는다.
수가 부족하면 명상을 하거나 멍하니 시간을 보내거나 차분한 음악
(또는 싱잉볼 소리, 물소리, 빗소리, 화이트 노이즈 등)을 듣는 것이 도
움이 된다. 수는 뇌를 쉬게 한다. 취미로 서예, 캘리그라피를 배우는 것
도 좋다.

수렴의 공간
금, 수의 공간 – 보이지 않는 영역

수렴의 공간, 물상적 표현

수렴의 공간은 차분함이나 내면 성장 또는 집중력을 상징하는 개념으로 이해하면 된다. 명리 공간에서는 오행 중 금과 수가 수렴의 공간으로 조용히 집중할 수 있는 분위기를 만들어준다. 이런 공간은 명상을 비롯해 학습이나 창작 같은 집중력을 요하는 활동에 적합하다.

수렴의 공간은 조용하고 균형 있는 디자인이나 소품, 색상 등으로 표현할 수 있다. 천연 색감, 천연 재료, 간결한 디자인 요소를 활용해 안정감과 집중력을 높일 수 있어 마음의 안정과 내면의 성장을 추구하는 데 중요한 역할을 한다. 바쁜 일상을 보낼수록 조용하고 집중할 수 있는 공간을 찾아야 한다.

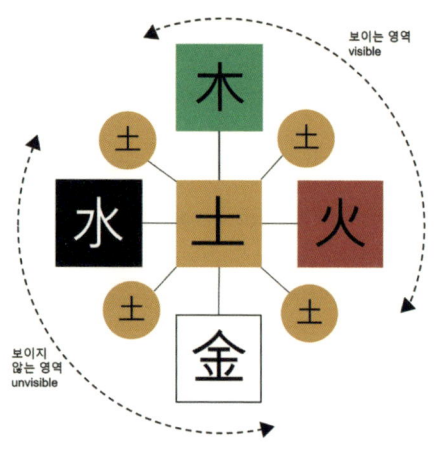

보이는 영역, 보이지 않는 영역

위의 다이어그램은 앞서 말한 확산의 공간과 수렴의 공간을 설명한다.

물론 매우 확장된 개념이어서 단순히 다이어그램만 보고 이해하기는 어렵겠지만, 목화의 공간은 보이는 영역으로 '확산의 공간'이고, 금수는 보이지 않는 영역으로 '수렴의 공간'이라고 정의할 수 있다. '보이는(visible) 영역과 보이지 않는(unvisible) 영역'이라는 말이 생소하겠지만, 단순하게 말 그대로 받아들이면 된다. 그리고 토의 공간은 사이의 공간이자 절충의 공간으로 발산과 확산 공간 사이에서 중요한 역할을 하는 영역이다.

앞서 수렴의 공간은 발산의 공간과 달리 보이지 않는 영역이라고 정의했듯이 말 그대로 음의 영역으로 해석해도 무방하다. 계절로 보면, 금은 가을, 수는 겨울을 뜻한다. 자연의 순리대로 가을에 수확하고 겨울에는 저장하여 다음 해를 기약한다. 그동안 발산하고 확산했던 에너지가 서서히 수렴되면서 하나의 주기가 완성된다. 다음 봄을 준비하기 위해 웅크리고 있다고 보면 된다. 실제로 겨울인 해월, 자월, 축월-11, 12, 1월-은 사람의 활동이 줄어드는 시기이다. 그런 특성을 그대로 공간의 개념으로 해석하면 된다.

우주 만물의 조화에서 인간은 시공간의 영향을 피할 수 없다. 그러므로 세상의 질서와 시기를 파악하는 힘이 중요하다. 목화의 성향이라면 차분해지기 위해 수렴의 공간인 금수의 공간을 찾으면 도움이 된다. 박물관이나 미술관이 금수의 공간에 가까운 모습인데, 이런 장소에 찾아가면 마음이 차분해지고 무언가 영감을 얻을 수 있다. 도서관도 마찬가지이다. 하지만 같은 건축물이라도 한 가지 오행으로만 정의하는 데는 문제가 있다. 도서관이나 박물관, 미술관 안에 있는 휴게 공간이나 카페테리아는 수렴의 공간이라기보다 발산의 공간에 가깝기 때문이다. 따라서 건물의 오행을 파악할 때는 가장 특징적인 오행을 살펴 발산과 수렴의 공간으로 나눠야 한다.

도서관 열람실은 이용자가 차분하게 집중할 수 있게 해준다. 주택이라면 서재나 공부방이 금의 공간에 해당한다. 아이 공부방도 금의 공간처럼 수렴의 공간으로 연출하는 것이 좋다. 일상생활에서 수렴의 공간은 매우 중요한데, 그동안 벌여 놓은 일을 정리하고 다음 단계를 준비하는 공간이라고 할 수 있다.

강영환은 『집의 사회사』(1992, 웅진)라는 책에서 한국 전통 주거를 형식적으로 집중형 주거, 분산형 주거, 절충형 주거로 나눴다. 그리고 주거 형태와 기능은 기후와 매우 밀접한 관계에 있다고 했다. 그래서 추운 지방에서는 집중형, 더운 남쪽 지방에서는 분산형, 중간인 중부 지방에서는 절충형 주거가 발달했다는 것이다.

유추할 수 있는 사실은 전통 주거 형태가 확산의 공간과 수렴의 공간으로 나누는 오행적 공간 구분과 유형적으로 유사하다는 점이다. 목화 공간인 확산의 공간은 봄과 여름의 계절이니 분산형 주거와 유사하고, 금수의 공간인 수렴의 공간은 가을과 겨울의 공간이니 집중형 공간이라 할 수 있다. 멈춤의 공간인 토의 공간은 계절과 계절 사이 간절기를 의미하니 절충형 주거와 비교할 수 있다. 이처럼 건축 공간을 오행으로 해석해 살펴보면 흥미로운 구석이 많다.

제
4
장

프로젝트
⋮
나에게 맞는 공간을 알아보기

부족한 오행, 공간으로 채우기

지금까지 오행과 공간의 관계를 살펴봤다. 이제는 명리 공간 디자인에 대한 더 깊은 이해를 위해 명리학에서 다루는 또 다른 중요한 개념인 '용신(用神)'을 살펴보자.

용신은 사주를 해석하는 여러 방법 가운데 하나로 통관(通關) 용신, 조후(調候) 용신, 억부(抑扶) 용신 등이 있다. 이 가운데 억부 용신 개념의 일부를 공간에 적용해보고자 한다.

물론 오행으로 사주를 파악할 수 있으면 굳이 억부 용신을 알 필요는 없으나 알면 더 쉽게 명리 공간 개념을 이해할 수 있다.

풍수에는 '비보(裨補) 풍수'라는 개념이 있다. 양택지를 선정해 명당을 잡는 것도 중요하지만, 모든 사람이 명당을 차지할 수는 없으니 방법을 찾아야 했고, 그래서 나온 개념이라고 생각하면 된다.

'좋은 것을 추구하고 나쁜 것을 피한다'라는 피흉추길(避凶趨吉)의 원리가 있다. 쉽게 말해 '나쁜 땅을 고쳐 써보겠다'는 뜻인데, 화기가 강한 곳에 연못을 파는 식이라고 생각하면 쉽다. 예를 들어 경복궁 터는 화기가 세서 화 기운을 누르려고 수의 상징인 해태를 조각상으로 세웠다는 이야기가 있는데, 이런 것이 바로 비보풍수다.

풍수는 한마디로 인간의 기는 자연의 기 일부이고, 그 흐름을 좋게 하려면 자리를 잘 잡아야 한다는 이론이다. 보통 양택지와 음택지를 고르고 향을 정한다. 나는 명리학의 억부 용신 개념이 비보풍수와 유사하다고 생각한다.

우선 그 사람의 명을 읽으면 어떤 글자를 사용하고 있는지, 환경은 어떤지, 어떤 것을 선호하고 편하게 생각하는지를 읽을 수 있다. 누구나 사주가 완벽할 수는 없다. 없는 글자가 있을 수 있고, 오행 중 한 가지가 과다한 경우도 흔하다. 만일 그런 분이 상담을 의뢰하면 운의 흐름을 파악해 필요한 오행이 들어오는 시기나 과다한 기운을 내보낼 시기를 알려준다.

억부 용신은 많은 것은 덜고 적은 것은 더해 건강이나 사업의 운을 좋게 만드는 개운법으로 자주 사용한다. 그렇다고 억부 용신으로 본인의 운이 바뀌는 것은 아니지만, 적어도 미리 대비할 수는 있기에 공간 설계에 적용하면 도움을 받을 수 있다. 자신에게 어떤 오행이 부족한지는 사주 앱으로 간단히 파악할 수 있다.

책 말미의 '나는 어떤 일주인가'에서 설명했지만, 사주 앱에 자신의 생년월일시를 입력하면 여덟 글자가 보인다. 오른쪽에서 세 번째 칸이 나의 일주인데, 그중 위 칸이 일간이다.

일단 색만으로도 어떤 오행인지 알 수 있다. 목은 파랑(녹색/청색), 화는 빨강(적색), 토는 노랑(황색), 금은 하양(백색), 수는 검정(흑색)이다.

오른쪽 도표의 사주는 일간이 녹색이니 목 오행이다. 이처럼 여덟 글자 중에서 목과 화와 토가 각각 몇 개인지 파악하면, 자신의 오행 구성을 알 수 있다. 이때 일간을 포함해 같은 색이 둘 이상이면 많은 것이고 일간과 다른 색이 셋 이상이면 그 색에 해당하는 오행이 많다고 생각하면 된다. 도표에서 두 번째 줄 아래 칸 월지는 사주에서 중요한 역

시주	일주	월주	연주
편재	본원	정재	편재
己	乙	戊	己
卯	丑	辰	酉
비견	편재	정재	편관
甲乙	癸辛己	乙癸戊	庚辛
건록	쇠	관대	절

무식상, 무인성의 사주명식

할을 한다. '사회궁(社會宮)'이라 하며 사회성과 역할, 부모와의 관계를 알 수 있는 글자이다. 월지와 같은 색이 세 개 이상이면 그 오행도 많은 것이라고 할 수 있다.

예시로 나온 사주는 일간이 녹색이니 목 오행을 가진 사람이고, 월지는 황색이니 토 오행이다. 일간과 같은 색깔이 두 개, 토가 월지 포함 다섯 개이니 토가 많은 사주이다(토다土多). 금은 하나밖에 없는 데다 연지에 있어 영향력이 적은 편이다.

이처럼 오행이 몇 개 있고 어느 위치에 있는지를 보고 사주의 해석이 가능한데, 사주 여덟 글자에 모든 오행이 다 들어 있지 않을 수도 있다. 예시의 사주에는 붉은색과 흑색이 없으므로 화 오행과 수 오행이 없다. 이를 십성으로 파악하면 식신, 상관, 인성이 없는 사례이다. 이런 사주를 무식상, 무인성 사주라고 한다. 오행 중에 없는 것이 있다고 나쁜 사주이거나 운이 나쁘다는 뜻은 아니므로 오해가 없기를 바란다.

　　오행 중에 없는 것이 있으면 해당 십성의 결핍을 의미할 수 있으므로 개운법으로 보완해주면 사주의 균형을 찾을 수 있다. 수 오행이 없다고 어항을 가져다 놓거나, 화 오행이 없다고 '불멍'을 한다는 식의 대응책은 효력이 없다. 그럴 때는 부족한 오행을 자기가 활동하는 곳에 채우는 식으로 명리 공간을 적용하면 삶의 균형을 찾게 될 것이다. 하지만 무엇보다 삶의 태도나 습관을 바꾸는 일이 가장 중요하다. 부수적으로 자신의 공간을 오행에 맞게 디자인하면 삶에서 에너지를 받을 수 있다. 참고로 너무 많은 것은 없는 것과 같다. 다시 말해 너무 많아도 쓸 수가 없다. 적당히 있고 서로 조화를 이루어야 한다.

명리로 풀고, 공간으로 디자인하기

1. 사주 파악 : 모자라거나 넘치는 오행을 파악해 자신에게 어떤 공간이 필요한지 알아본다.
2. 프로그램 : 방, 거실, 주방 등 내부 공간과 외부 공간을 어떻게 설계할지 파악한다.
3. 사이트(대지) : 본인의 사주에 맞는 향(방위)이나 위치에 맞는 대지를 매입한다. 모든 조건을 충족하기 어렵다면 최소한 방위에 맞게 건물을 배치한다.
4. 위 세 요소를 조합해 설계안을 구상한다.
5. 땅을 새로 살 수 없거나 이미 매입했다면 현재 정해진 조건에서 명리 공간으로 조합해 설계 또는 디자인한다.
6. 집을 새로 지을 수 없고 이사할 수도 없으면 지금 거주하는 집의 인테리어를 명리 공간으로 디자인한다.

　내가 아는 바로는 명리 공간 디자인에 따라 건축한 사례는 아쉽게도 아직 찾지 못했다. 하지만 지금부터 실제로 제주도에 집을 지을 예정인 두 자매의 사주를 분석해 명리 공간 디자인을 어떻게 적용할 수 있는지 알아보자.

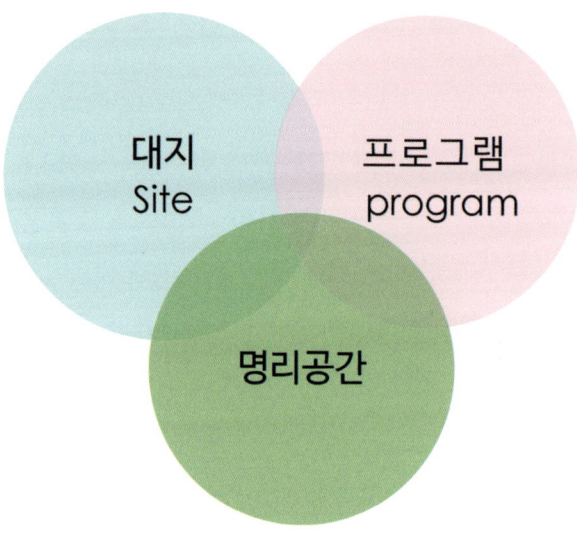

명리 공간으로 설계

Space

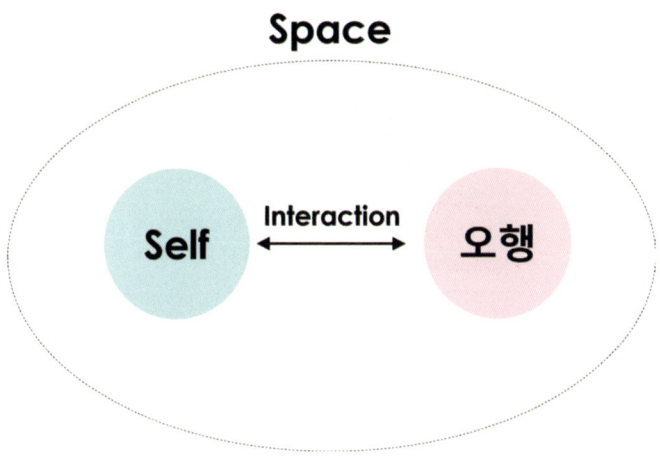

나와 오행, 공간의 관계

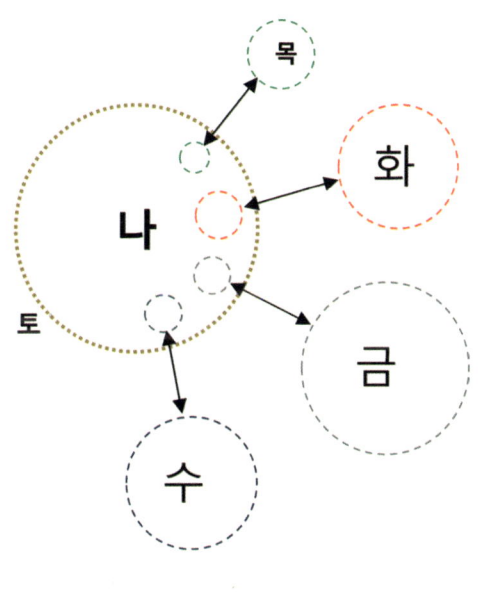

나와 오행의 상호 연결

시주	일주	월주	연주
편재	본원	정재	편재
己	乙	戊	己
卯	丑	辰	酉
비견	편재	정재	편관
甲乙	癸辛己	乙癸戊	庚辛
건록	쇠	관대	절

A 씨 사주명식

을목 일간 A씨의 일지 축토는 동토이다. 동토는 차가운 땅을 의미한다. 목은 토를 보면 소토화, 영토화하려는 성질이 있다. 하지만 얼어 있는 차가운 땅에는 뿌리를 내리기 어렵다(황색으로 표시된 것이 토이고, 녹색이 목, 흰색이 금이다). 을목에게는 병화가 필요하다. 병화는 물상으로 태양이고, 목 오행에는 상관으로 작용한다. 을목은 옆으로 퍼지면서 영역을 넓히는 특성이 있는데, 화가 없으면 위로 자라고 꽃과 열매를 맺기 어렵다. 쉽게 말해 자신이 하는 일을 사람들에게 인정받기 어렵다는 뜻이다.

목이 생존하려면 화, 수, 토 세 가지 오행이 필요하다. 나무가 자라는 데 어떤 자연 환경이 필요한지 떠올리면 쉽게 이해할 수 있다. 뿌리 내릴 땅과 물이 있어도 화가 없으면 어디로 향해 자랄지를 모르고 성장하는 데 한계가 있다.

월지는 진토로 봄의 토다. 월주는 사회이고 태어난 환경이라고 해석한다. 무토와 진토는 을목에 정재로 작용하는데, 을목이 진토에서는 쉽게 자라지만, 무토는 높은 산이라 소토하기가 만만치 않아 자라기 어렵다. 다행히 시지 묘목이 을목의 뿌리로 작용해 끝까지 소토하는 힘은 있어 시간이 걸리지만 결과는 볼 수 있다.

개인 공간을 나타내는 축토는 춥고, 사회 공간을 나타내는 진토는 따뜻하다. 그런 이유로 부단히 애를 쓰며 활발히 활동했지만, 병화 상관이 없어 하는 일을 인정받기 어려운 구조이다.

오행 중에 토가 많이 발달한 사주이다. 사주 여덟 글자 중에 다섯 개가 토 기운으로 치우쳤다. 목 일간에 토는 십성으로 재성인데, 월주의 재성은 공공의 재나 일이라고 해석한다. 무토 정재는 해야 할 책임이 크고, 진토 정재는 벗어나기 어렵다.

목극토 하는 것도 목의 성질로 나무가 땅에 뿌리내리는 모습을 떠올리면 된다. 뿌리를 내려야 안정이 되고 단단한 나무로 자란다. 하지만 땅이 너무 많으면 그만큼 많이 뿌리내려야 하므로 바쁘고 일이 많다고 본다.

목 일간은 수, 화, 토 오행이 필요하며 삼변*이 수생목→ 목생화→ 화생토 순서로 이어지면 좋다. 하지만 그런 경우는 드물어 운에서 모자란 오행을 보충해 개운해야 한다. 개운하려면 무엇보다 삶의 습관이나 태도를 바꾸려는 노력을 기울여야 한다. 아울러 지금 삶의 공간을

---

* 오행의 생극제화 중 목생화, 화생토, 수생목을 말한다.

명리 공간으로 바꾼다면 더욱 도움이 될 것이다.

금 오행이 하나 있으나 진토에 의해 매금될 가능성이 크다. 유금은 왕지°로 기운이 세다고 할 수 있지만, 진토의 영향으로 유금의 날카로움이 가려져 있다. 금의 성향은 분별하고, 나누고, 포장하는 것인데 토로 매금돼 금의 성향이 잘 드러나지 못한 것이다. 운에서 술토가 들어와 진토와 토충(토끼리 충한다는 뜻)이 일어나면 유금이 제대로 작동할 수 있다.

이상 A 씨의 사주를 간단히 분석해봤다. 자, 그러면 어떻게 명리 공간을 디자인해야 이 사람의 운이 좋아지고 사는 공간이 편해질지 살펴보자.

을목에 토가 많아 할 일도 많고 책임질 일도 많아 삶이 버겁다. 넓게 영역을 장악할 수 있으나 높이 올라가지는 못한다. 이런 경우에는 갑목과 병화가 필요하다. 을목에게 갑목은 겁재에 해당하는데 이를 물상으로 보면 넝쿨처럼 갑목을 타고 올라가 높은 데까지 영역을 확장할 수 있다. 따라서 운에서 갑목이 들어오면 혼자 버거워하던 일을 도와주는 사람이 생긴다.

또 병화는 을목에 생기를 주고, 하는 일에서 주목받게 해준다. 하지만 토가 많은 사주여서 화가 오면 화생토가 되어 오히려 토의 기운이 더 세진다는 문제가 있다. 만일 운에서 병화가 들어오면 화생토가 되게 하지 말고, 목생화를 먼저 할 수 있게 해야 한다.

---

* 지지의 모든 오행은 생지, 왕지, 고지로 나뉜다.

목은 화의 공간을 지향하는 시간적 개념으로 목의 공간은 좁고 높으며 더 높이 오르려고 횡적 공간을 확보하려 한다. 넓게 횡적으로 퍼지다 보니 그만큼 시간에 대한 효율성이 떨어지는데 이것은 투쟁의 목적이 상향인 것에 무게 중심이 치우쳐 있기 때문이다.

목기의 물상으로는 계곡물을 거슬러 올라가는 모습, 전기 드릴이 벽을 뚫고 들어가는 모습, 선두로 달려 나오는 뜀박질 선수, 로빈슨 크루소가 표류하다가 도착한 섬, 자동차의 엑셀레이터 같은 것을 들 수 있다. 이런 물상을 이미지로 떠올리면 목의 특성을 이해할 수 있다.

그렇다면 공간에 목의 물상을 대입해 이해할 수 있는 요소는 어떤 것일까? 우선 공간에서 수직성을 띠는 요소가 무엇인지를 살펴봐야 한다. 다음으로는 목생화로 강해진 토 기운을 다스리기 위해 무토의 공간을 나눠 배치할 필요가 있다. 예컨대 마당이 있으면 좋은데 마당이 없다면 실과 실 사이에 머무는 공간을 곳곳에 조성해주면 좋다. 또한 화분으로 플랜테리어를 하는 방법도 좋은데, 작은 식물이나 덩굴 식물보다는 크고 시원시원한 갑목 기운의 식물을 선택하는 것이 좋다.

사주가 이렇다면 분별력을 기르고, 맺고 끊는 힘인 금의 기운도 보강해줄 필요가 있다. 일간이 을목이라 운에서 천간 신금이 들어올 때 조심해야 한다. 지지에 있는 묘목도 왕지이므로 유금이 들어오는 것이 좋지 않을 수 있다. 하지만 경금이 들어오는 것은 좋다. 울타리를 쳐주고 소속감과 편안함을 느끼게 해주기 때문이다. 이런 사주는 늘 자기 공간과 주변을 정리하는 습관을 들이면 좋다.

또한 무인성 사주여서 수 기운이 없어 보이지만 지지의 진토와 축토, 일간 을목이 습을 머금고 있으며, 더구나 삼사십 대에 대운에서 수 기운이 들어오므로 인성의 기운은 충분히 채워진다. 그래도 인성을 채 워줄 취미 공간이나 명상 공간이 있으면 도움이 된다.

오른쪽 도표의 B 씨도 A 씨와 같은 을목 일간이다. 일간이 같아도 사주 구성이 달라 해석도 완전히 달라진다. 이 사주에는 을목에 필요 한 병화가 있다. 이 병화는 십성으로 상관인데, 시간(時干)에 있는 상관 은 말년으로 갈수록 자기실현 욕구가 강해진다. 을목은 병화를 좋아해 서 목생화를 간절히 바라지만, 수 인성이 많아 생각을 행동으로 옮기 지 못한다. 을목에 병화 상관이 있다면 사람들에게 주목받기 쉽고, 무 슨 일을 하든지 남들이 따라 하고 싶게 하는 매력이 있다. 월지의 인목 도 겁재로 작용해 을목 일간인 자신의 행동을 남들이 따라 하고 싶게 만든다. 상관의 매력은 유머와 순발력이다. 집중력도 좋아 예술적 감 각이 드러난다. 반면, 화 오행 식상은 문화, 예술 교육 분야에 종사하거 나 관심이 많다. 호기심도 풍부하고 새로운 것을 시도하기 좋아한다.

목과 화가 잘 연결되는 것을 '목화통명(木火通明)'이라 한다. 목화가 서로 기운이 잘 통해 밝아졌고, 에너지 연결이 순조롭다는 뜻이다. 이 사주가 바로 목화통명이 잘되는 구조이다.

A 씨와 달리 일지 미토 B 씨는 자신의 공간이 따뜻하고 안전하다고 느껴 집에 머물기를 좋아한다. 하지만 을목 성향대로 주목받기도 좋아 하고 병화 상관까지 있어 시간이 지날수록 재능을 드러내 자기실현하 고 싶은 욕구가 강해진다.

시주	일주	월주	연주
상관	본원	정인	정인
丙	乙	壬	壬
子	未	寅	子
편인	편재	겁재	편인
壬癸	丁乙己	戊丙甲	壬癸
병	양	제왕	병

B 씨 사주명식

A 씨의 사주에는 토가 많은데, B 씨의 사주에는 수가 많다. 을목에게 수는 인성이고, 인성은 남에게 도움받기 좋고 수용적이라 늘 사람들이 도와주고 싶어 한다. 수를 감당해주는 인목이 있지만, 집에만 있으려는 성향 때문에 병화 상관의 욕구와 늘 상충한다. 이 명에는 수를 극할 무토와 술토가 필요한데, 갑목이 있어야 한다. 무토와 술토는 을목 혼자 감당하기 어렵기 때문이다.

이 사주는 관성인 금이 없는데 오십 대 대운에서 유금이 들어온다. 그때는 유금이 식신제살(食神制殺)로 작용하므로 금이 들어온다고 두려워할 필요는 없다. 금이 없는 명은 경계가 불분명하고 선을 넘기 쉽다. 그리고 결과를 만드는 뒷심이 부족하다. 따라서 B 씨에게 부족한 토와 금의 공간을 디자인해주면 너무 왕한 수 기운이 정리된다. 이때 금의 공간이 금생수 하지 않게 토의 공간을 잘 섞어서 디자인해야 한다.

이런 명식은 목생화로 본인의 재능을 드러나게 하는 식신생재(食神生財 : 식신의 기운이 재물을 만들어낸다)나 상관생재(傷官生財 : 상관이 재성을 생하여 재물을 얻는다)가 필요한데, 토 기운이 있어야 상관생재를 막는 수의 기운을 정리할 수 있다. 또 사주가 너무 조해서 수의 기운이 필요하다고 잘못 통변할 수 있다. 이미 수 오행이 많아서 기신으로 작용하기 때문에 수의 기운보다는 습토를 반긴다.

A 씨와 B 씨가 함께 살아갈 주택을 지을 때 어떻게 명리 공간을 설계에 반영할 수 있는지 다음 다이어그램 방식으로 표현해보자.

A 씨 디자인 포인트

목생화, 갑목, 기토, 병화의 공간

색상 : 청색, 흑색, 깊은 푸른빛이 도는 보라색이 포인트

방위 : 동남, 서남

재료 : 우드, 석재, 간접적 금속

내부공간과 조경공간을 여러 개의 작은 공간으로 나눈다.

B 씨 디자인 포인트

목생화, 갑목, 무토, 경금의 공간

색상 : 청색, 황색, 흰색, 붉은색이 포인트

방위 : 동남, 서남

재료 : 우드, 석재

토의 공간을 크게 하지 말고 작은 여러 개 공간으로 분산한다. 목생화를 위해 옥탑 층에 침실을 둔다.

두 사람 모두 일간이 목이라 기본색상은 녹색(청색) 계열이 편하다. 화의 공간은 두 사람에게 도움을 주므로 공동 영역에 배치하는 것이 좋다. A 씨는 수의 기운이 부족하니 명상하는 공간도 만들어주면 좋다.

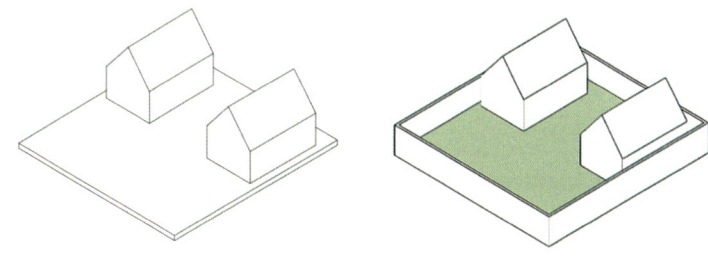

금 오행으로 토의 공간 만들기

간단한 다이어그램으로 땅과 건물의 관계를 표현해봤다. 두 사람의 관계를 반영한 유기적 설계가 좋을 듯해 건물을 두 개로 나눠 배치했다.

앞서 벽은 금의 요소라고 말했다. 금은 경계나 구분에 해당하니 벽을 세우는 순간, 대지에 경계가 생기면서 구분이 된다. 금으로 경계를 두는 이유는 A 씨의 사주에 금이 있으나 토가 많아 매금이 되는 데 있다. 또한, 재성이 많아 유금 지장간의 경금을 살려 경계를 지어주면 더욱 효과가 커질 것이다. 하지만 B 씨는 금 기운이 하나도 없는 자유로운 영혼이라 구속을 싫어한다. 그런 이유에서 금의 기운인 벽으로 경계를 지어주면 좋아 공간 설계에 반영한 것이다.

A 씨는 무인성 사주로 수 기운이 하나도 없지만 축토와 진토가 습토고 일간 을목과 시지 묘목은 수가 필요 없는 목이라 딱히 수 기운을 보완해줄 필요는 없다. 하지만 결핍된 수 기운을 찾아 인성을 보완하고 사는 모습이다. B 씨는 수가 과다한 편이라 수 기운을 오히려 빼줘야 한다. 그런 이유에서 두 건물 사이에 화의 공간을 배치하고, 명상이 가능하고 외부의 방해를 받지 않는 스파 공간을 두었다.

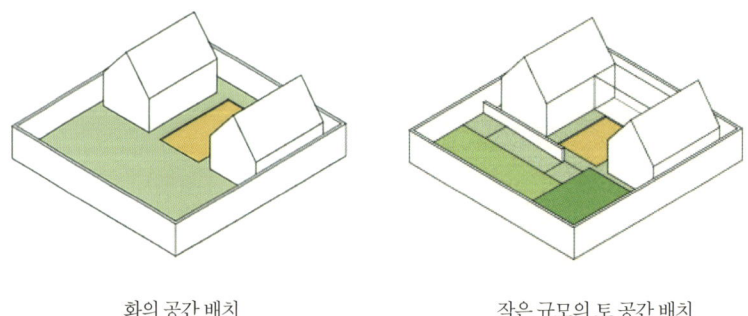

화의 공간 배치　　　　　　　　작은 규모의 토 공간 배치

둘 다 목 일간이라 토 기운이 중요하지만, A 씨는 토가 너무 많고, B 씨의 토는 많은 수 기운을 막기에는 부족하다. 더구나 일지 미토의 작용력이 약해 토의 기운이 더 필요하다. 을목은 땅을 넓게 쓰기보다는 작게 나누고, 건물도 중정을 만들어 작은 규모라도 조경공간을 조성해 토의 공간을 정리해주는 것이 좋다.

또한 두 사람에게는 병화가 필요한데 A 씨는 병화가 없으니 기운을 보충해줘야 하고 B 씨는 사주 원국에 병화가 있으니 공간배치 정도로 본인의 기운을 잘 드러나게 해주면 좋을 것이다.

건물과 건물의 사이에 화의 공간으로 주방을 배치했다. 화의 공간은 네트워크가 이뤄지는 발산의 공간이자 교제의 공간이다. 두 사람에게 정말 필요한 공간인 화의 공간을 중앙에 배치하고 천창으로 자연스러운 채광이 되는, 따뜻한 병화의 공간이 될 것이다. 또한 목의 공간인 발코니, 옥탑 등을 적극적으로 계획해 목생화를 할 수 있는 취미 공간

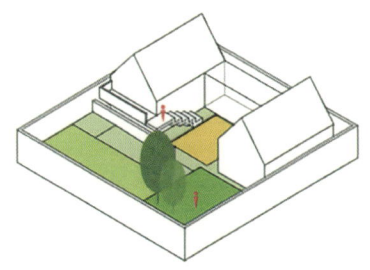

가운데 중정형 화의 공간과 발코니로 연결되는 목의 공간

을 만들었다.

이처럼 오행의 생극제화와 억부용신을 적용해 두 사주에 있는 것과 없는 것, 너무 많거나 적은 것을 파악해 건물 배치와 콘셉트를 정리해봤다. 두 사람 모두 전문직이라 각자의 공간과 필요한 요소를 명리공간 디자인으로 보충하고 제주도의 특성을 살려 디자인했다.

한편으로는 예산을 고려해 너무 큰 규모로 짓기보다는 30평 정도로 적당히 제한하였고, 층수도 옥탑이 있는 1층 구조로 조정하기 위해 지하 공간은 계획에서 제외하였다.

다음 페이지의 스케치는 제주도에 위치한 대지에 건물을 표현한 것이다. 도면의 좌측 상부를 보면 방위 표시가 되어 있다. 도면의 위쪽이 북서향이고 아래쪽이 남서향이다. 이 책은 명리 공간을 위한 설명이 위주이기 때문에 건축법적 해석은 생략했다. 명리학적 향과 배치의 방법을 위한 사례로만 봐 주시길 바란다.

이상 억부용신 개념의 공간 배치방식을 살펴봤으니 지금부터는 땅에 건물을 어떻게 앉히고 설계하는 것이 좋을지 간단히 살펴보도록 하자.

한국 건축은 대개 남향 배치를 기본으로 한다. 물론 대지 조건상 남향이 불가능하다면 차선책을 고려했겠지만, 이곳 대지는 남향이 가능했고 또 두 사람에게 병화의 기운이 중요하기 때문에 남향 배치를 했다. 다만 도면에는 표시가 안 되어 있지만 남서쪽 경계벽 넘어 다른 집이 있고 그 집이 높은 레벨로 건축되어 있어 프라이버시 보호를 위해 남서향으로 배치해 담쪽으로 최대한 건물을 붙여 설계했다. 그 대신 두 건물 사이에 중정으로 목생화의 공간을 마련했다. 이렇게 하면 한 건물은 프라이버시를 확보하고 남향을 유지할 수 있다. 또한 건물을 두 개로 분리하고 중앙에는 자연스럽게 모일 수 있는 공용 공간인 주방을 배치했다.

건축물을 배치할 때 풍수가 중요하다. 부엌은 북동과 남서를 잇는 대각선 방위를 피하는 것이 좋다. 귀문이라고 불리는 북동쪽은 산소(O^2)가 다른 방위에 비해 상대적으로 희박하기 때문이다. 또 다른 귀문 방위는 남서쪽이므로 피한다. 양택삼요 중 북, 동, 남동, 남은 동사택, 북동, 북서, 서, 남서는 서사택이라고 한다.

동사택과 서사택의 이용 방법은 대문(문, 출입구: 현관)과 안방(회사의 경우 사장이나 회장이 앉는 자리. 가게의 경우 카운터 위치), 부엌(음식점에서는 부엌의 위치가 중요)이 동사택이면 동사택, 서사택이면 서사택으로 몰아 배치해야 한다. 예컨대 만약 출입구가 서쪽에 있으면 안방이나 부엌은 서, 북서, 남서, 북동 중 한 곳에 와야 한다는 이야기다.

제주도 주택은 남서향이라 서사택이라고 분류할 수 있다. 서사택인 경우 대문이 북서쪽, 안방 즉 자주 머무는 공간을 북동쪽으로 두는 배치를 의미하므로 최대한 건물을 이에 맞춰 배치했다.

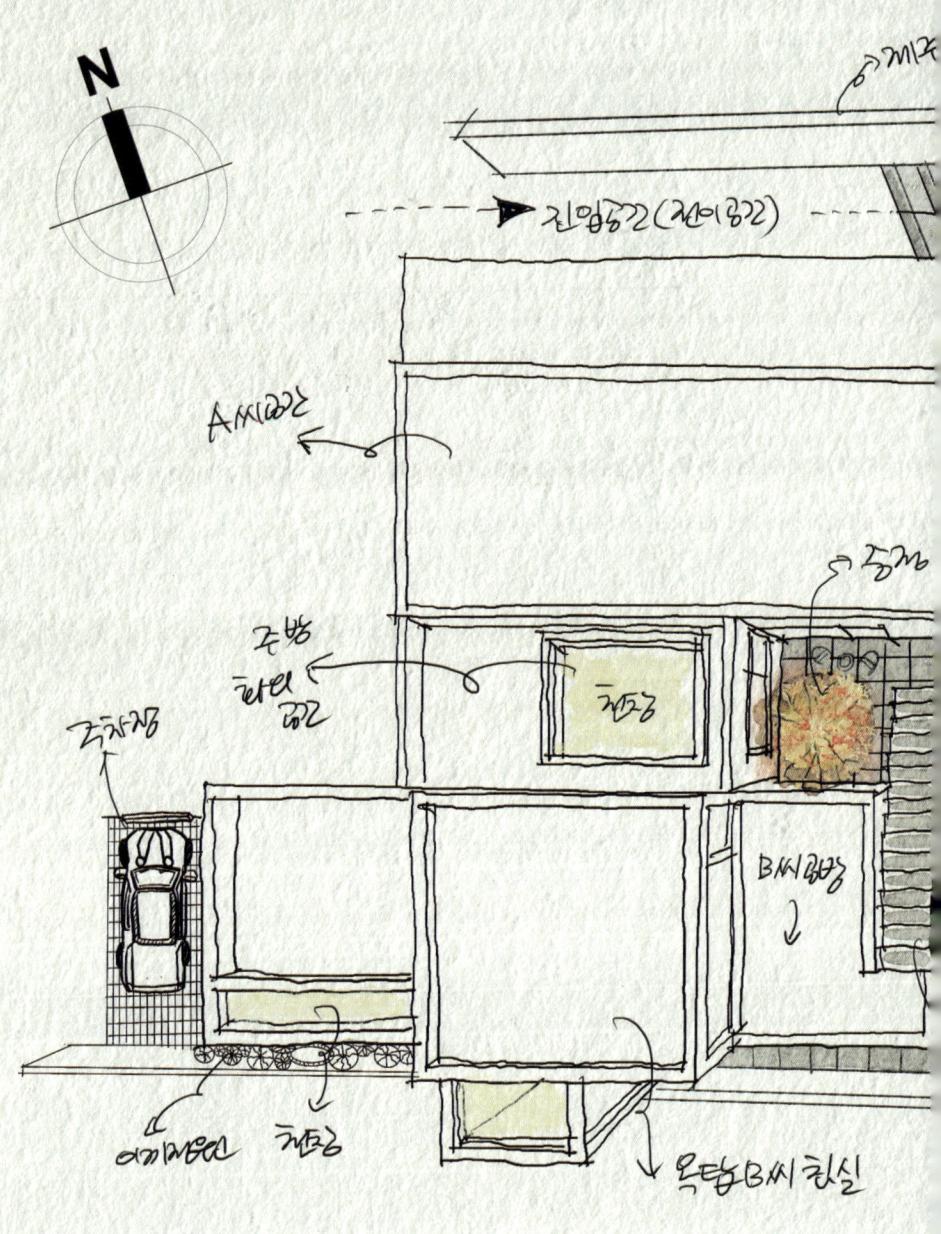

위 그림은 하늘에서 내려다본 모습의 배치도이고 동쪽으로 위치한 마당, 정원을 중심으로
앞서 풍수의 서사택의 배치를 기본으로 했다.

정원

계수들든

Rhema

목 일간인 두 사람은 둘 다 목 기운이 중요하기에 목극토를 정원으로 디자인하는 것이 좋다.
동쪽에 창을 두어 목 기운이 가득하도록 했다.

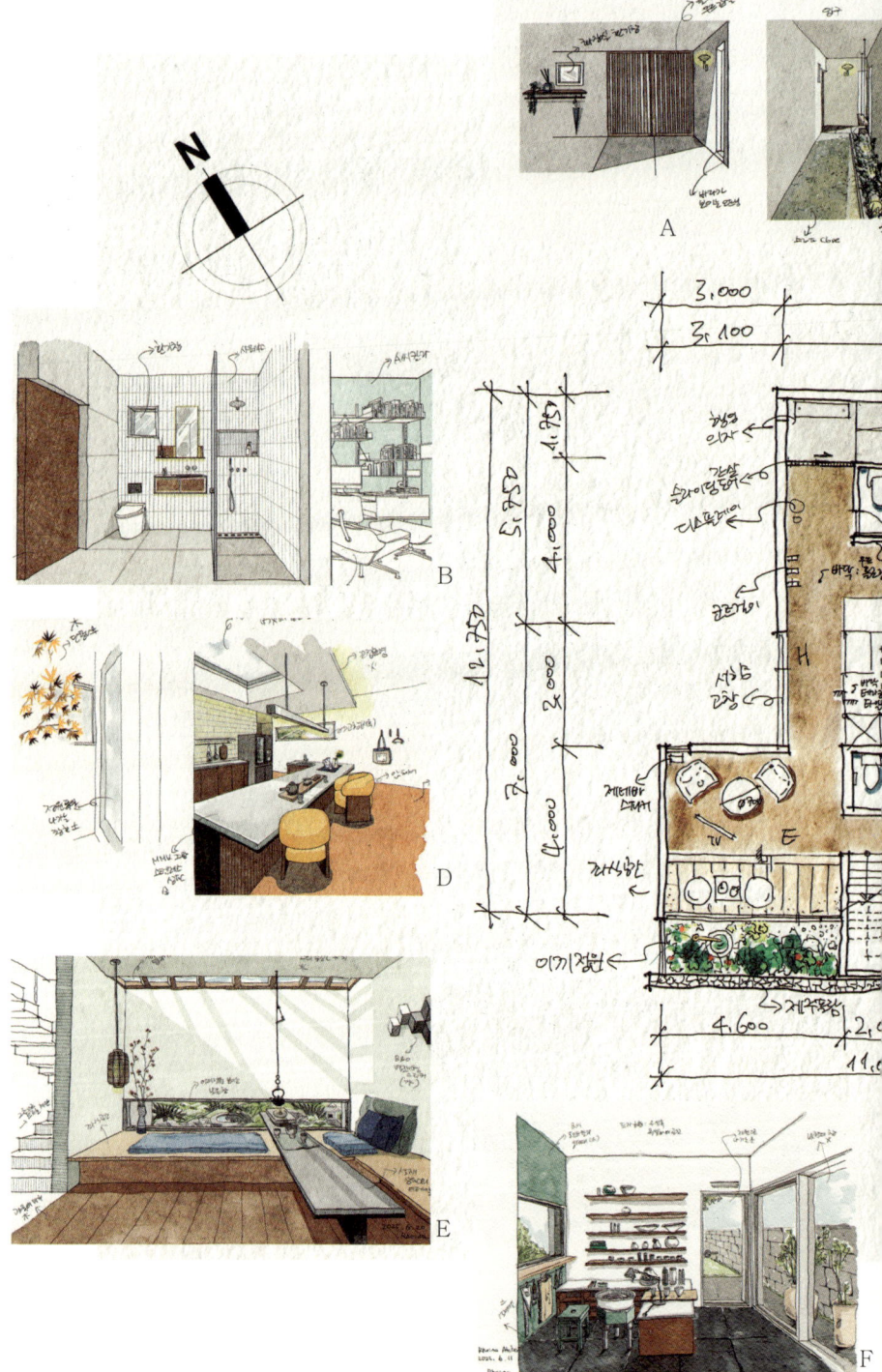

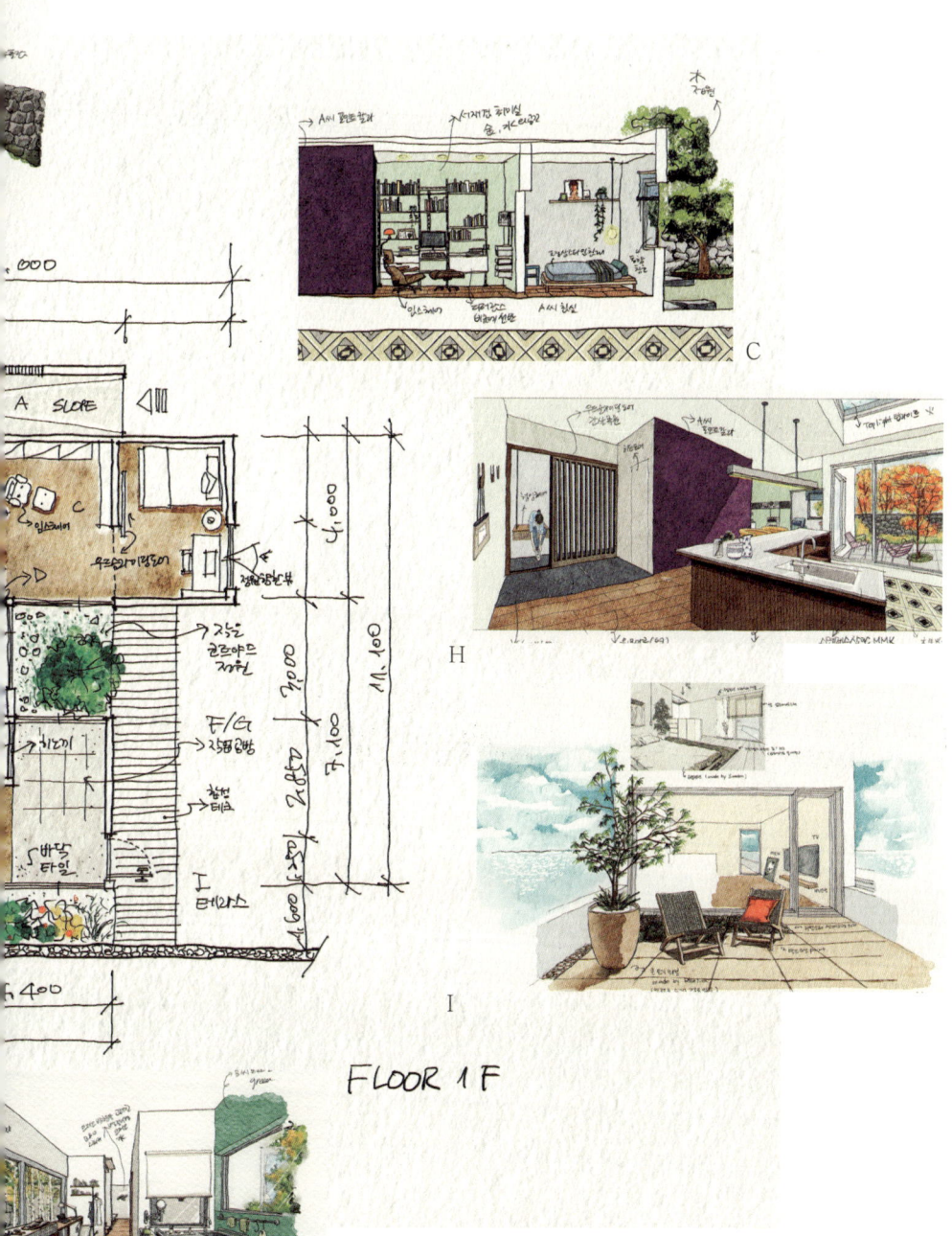

FLOOR 1 F

A.입구 / B. 게스트용 화장실 / C.A 씨 침실과 취미공간
D. 바 테이블과 주방 / E. 좌식공간 F/G. B 씨 공방
H. 주방쪽에서 바라본 입구 / I. 옥탑방과 테라스

옆 그림은 A 씨의 공간을 표현한 것이다. 이 그림에서 화의 공간은 주방이면서 서로 만나는 교제의 공간으로 사용된다. 자연 채광이 되는 천창으로 목생화의 에너지를 얻을 수 있다. 이 공간은 화의 공간이면서 토의 공간도 된다. 천창에서 들어오는 태양 빛이 병화의 기운을 의미하고 화생토도 될 수 있다. 토의 공간은 머물게 하는 곳이고 토의 기운이 주를 이루는 A 씨보다 토의 기운이 더 필요한 B 씨에게 좋을 수 있다. 정원 뷰가 주방의 창 안으로 담기도록 하고 오른쪽 위로 보이는 옥탑방도 계단실에 설치한 천창으로 목생화의 기운을 얻을 수 있다.

옆 그림은 B 씨의 공간을 표현한 것이다. 일층 토의 공간에 설치한 루버 천창과 옥탑방으로 올라가는 계단을 표현해보았다. 토의 공간을 상징하는 컬러로 표현하였고, 좌식공간으로 연출해 차를 마시거나 차분하게 담소를 나눌 수 있는 수의 공간으로 디자인했다.

중정에 목극토의 공간을 둔 이유는 두 사람의 목 기운을 보하거나 더하려는 데 있다. 왼쪽 건물의 테라스는 목생화를 위한 공간으로 건물 가운데 천창을 두어 주방에 병화의 기운을 더했다. 2층 옥탑은 목의 상승지기의 모습을 디자인한 것이다.

왼쪽 그림은 정원에서 바라본 모습인데 오른쪽으로 보이는 A 씨의 침실에 큰 창으로 개방감을 주고 토의 기운과 화의 기운을 보충하려는 의도이다. 그리고 건물과 건물 사이에 중정을 두고 나무를 심어 목의 기운을 더하여 목극토와 목생화를 확보했다.

왼쪽 건물에 거주하는 B 씨는 목생화가 중요한데 일지의 따뜻한 미토의 기운을 위해 옥탑방 쪽에 침실을 두었다. 두 사람이 만나는 공간으로 가운데 위치한 주방은 정원 쪽으로 큰 창을 두고 목의 기운을 가득 담을 수 있는 화의 공간으로 디자인해 친목과 교류의 공간으로 사용한다. 주방은 풍수에서도 중요한 의미를 지니고 있는데 집 안의 중심을 잡으며 좋은 기운으로 채워준다. 현대의 주거 공간에서는 거실이 그런 역할을 하는데 이 집은 주방이 거실 역할을 한다. 두 사람 모두 각각의 전문 영역이 있고 사주에서 중요하게 쓰는 기운이 달라 두 채로 나눠 생활하되 주방인 화의 공간에서 둘의 기운이 모이고 채워진다.

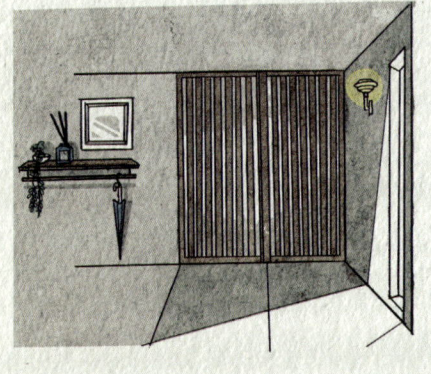

입구의 향은 북향에서 서쪽으로 약간 틀어진 방위이지만 도로에서 바로 들어오는 것을 일부러 피할 수 있게 가벽을 길게 두었다. 제주의 담장과 가벽을 따라 걸어 들어오다가 방향을 틀어 제주 통석으로 만든 슬로프를 거쳐 들어오면 입구에서 바다가 살짝 보일 수 있게 세로로 긴 창을 계획하였다. 진입 공간은 전위 공간인데 좁지만 부드러운 자연의 빛과 바닥에 낮게 심은 제주 식물이 집에 오는 사람을 편안하게 반긴다.

보통 현관은 신발을 벗기 위해 주거 공간보다 한 단 낮게 설계하는데, 이 집은 밖에 설치된 의자에서 신발을 벗고 같은 레벨로 들어가게 디자인했다. 현관을 낮게 만드는 이유는 신발의 먼지가 집 안으로 들어오지 못하게 하기 위함인데 이 집은 외부에서 신을 벗고 실내화로 갈아 신고 들어가게 하여 내부의 청결함은 유지되도록 한다. 공기가 깨끗한 제주이기 때문에 가능한 것이다.

뒷장의 펼친 그림은 A 씨가 사용하는 공간을 입면과 단면전개도 형식으로 표현한 것이다. 앞서 A 씨의 사주를 풀었을 때 금의 공간이 부족하고 화의 공간이 절실한 사람이다. 또한 일간이 을목이고 시지에 묘목을 근으로 삼고 있어 목의 방위인 동쪽도 중요하다.

배치도에서 봤듯이 정원을 동쪽에 둔 것은 두 사람에게 목의 기운이 중요하기 때문이었다. 특히 A 씨는 목의 기운이 중요해 침대의 머리 방향도 동쪽으로 두고 책상도 동향 창 쪽으로 배치했다.

목 기운의 사람에게 길한 색상은 푸른색이지만, 두 사람의 메인 컬러는 푸른 빛이 깊게 들어 있는 보라색*으로 삼았다. 자신에게 맞는 컬러가 무엇인지 궁금하면 자신의 일간을 보면 알 수 있다. 명리 공간을 디자인할 때 본인의 메인 컬러가 무엇인지 파악한 후 포인트 컬러로 쓰면 개운에 유용하다. 색에서 나오는 기운이 전체적 무드를 은은하게 잡아 주기 때문이다.

수와 금의 기운이 부족해 중간 영역은 평소 좋아하는 책과 음악 공간으로 설계했다. 좋아하는 디터람스의 시스템 선반**과 벽에 걸 수 있는 브라운 오디오***는 디스플레이용으로도 아주 훌륭하고 금의 에너지를 보충해준다.

---

* 푸른색이 기본색으로 좋은데 화의 기운이 부족하니 붉은색이 첨가된 깊은 보라색으로 포인트 컬러를 주었다.
** 디터람스 디자인으로 비초에(vitsoe) 선반이다.
*** Braun 'Hi-Fi Wall Unit Stereo System' by Dieter Rams (1965)

A 씨와 브라운 오디오

오른쪽 그림은 가운데 화의 공간과 주방 쪽에서 바라본 A 씨 공간이다. 주방 천장에 천창을 두어 병화의 기운을 최대한 받아들이게 했다. 주방에서 정원으로 나갈 수 있는 창을 두어 뷰를 확보하고 목생화의 기운을 디자인했다.

주방에는 벽을 없애 공간이 좁아 보이지 않게 하고 주방의 낮은 바* 테이블 공간을 거실이자 교제 공간으로 활용한다. 주방 레벨은 한 단** 정도로 낮게 해서 주방 쪽에서는 보통 바 높이가 되고 바깥 바 쪽에서의 높이는 편한 식탁 높이가 되게 했다. 주방 바에서는 식사와 간단한 다과를 즐길 수 있게 해서 손님을 편안하게 대접할 수 있다. 주방에서 화장실로 이어지는 벽을 A 씨의 포인트 컬러로 도색해 분위기를 냈다.

바닥은 맨발이 닿을 수 있으므로 원목 마루로 마감하고 오크 계열로 디자인했으며, 주방은 MMK 주방 시스템으로 마감했다. 두 사람에게 맞는 우드 측판과 스테인레스 재질의 상판을 선택해 '화극금' 효과를 얻을 수 있게 했다. 참고로 위생 측면에서 스테인레스 상판은 도움이 된다. 주방 바닥 마감은 타일인데 250x250mm 작은 크기에 화의 공간에 적합한 아이보리톤 패턴이 들어간 것을 골랐다.

* 보통의 주방 바는 90cm 정도로 계획하는데 이 집의 주방 바는 높이 75cm 정도로 하고 주방에서의 높이는 90cm정도가 될 수 있도록 레벨차를 두었다.
** 15cm 정도 낮게 레벨 차이를 두었다.

게스트용 화장실

A씨를 위한 실내화

집 현관 안쪽 바로 왼쪽에는 게스트와 공유하는 화장실이 있다. 규모가 크지 않아서 밝은색 계열 타일로 마감했다. 세면대 공간과 샤워부스 공간의 벽은 세로로 긴 작은 타일로 마감하고, 바닥과 문으로 이어지는 벽은 600x600mm의 연한 회색 타일로 마감해 좁지 않은 느낌이 들게 했다. 주방 천창에서 떨어지는 자연광은 집안 전체를 은은한 빛과 병화의 기운으로 가득 채운다. 바 의자는 화의 기운을 그대로 받게 해주는 노란색을 골라서 두 사람의 목생화를 돕는다.

주방 바와 천창

주방 공간을 지나 다음 건물로 들어가면 낮은 창으로 제주의 돌담이 보이게 했고, 이끼류와 이름 모를 들풀로 연출해서 작은 토의 공간을 만들었다. 이 공간은 차경(借景) 효과를 주며 계절마다 다른 풍경을 선사할 것이다. 좌식 공간을 배치해서 생각하거나 차 마시는 수의 공간이자 잠시 머무는 토의 공간을 조성했다.

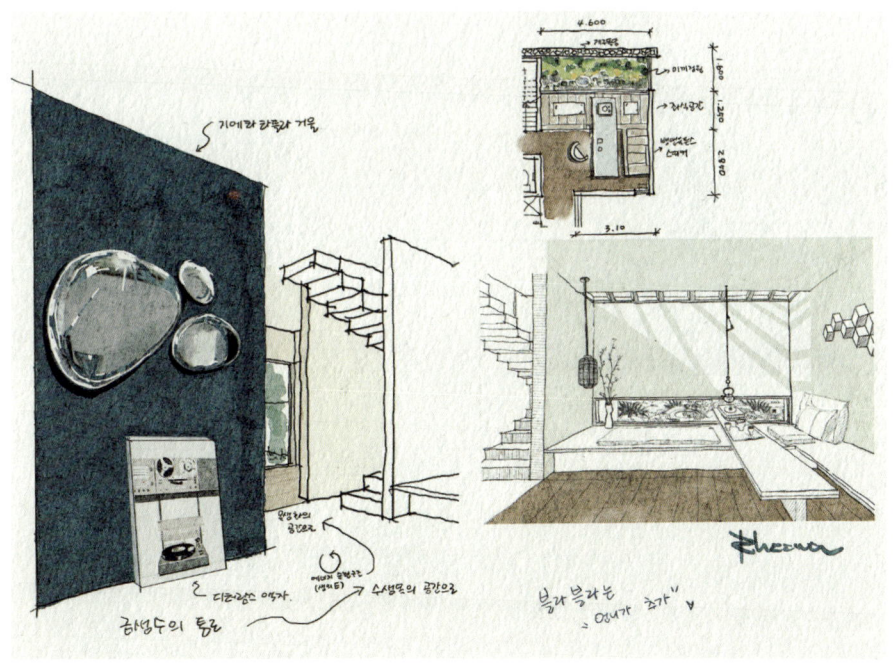

　　토의 공간으로 좌식 공간을 배치했는데, B 씨는 일지에 토가 확실하게 있어서 개인 공간으로 사용하지만, 수의 기운이 강해 적당한 토의 기운으로 눌러주는 것이 좋다.[*] 토극수 하면서 두 개의 기운이 적당히 어우러질 수 있는 공간으로 디자인했다. 위 그림은 목 일간인 A와 B 씨에게 필요한 수생목의 공간으로 디자인하기 위해 벽에 수의 물상인 물방울 모양의 거울로 디스플레이하고, 포인트 컬러는 청록색을 선택했다. 풍수에서는 집 안으로 들어오자마자 거울이 보이는 것을 흉하다고 여겨 입구 측면 벽에 걸도록 했다.

....
[*] 오행의 생극제화 중에서 토극수 개념이다.

B 씨의 전공은 도예로, 평소 전원생활을 하게 되면 자신만의 공방을 갖고 싶어 했다. 토의 기운이 가득한 도예 공방은 수의 기운을 조절해주고 자신의 작업 세계에 집중하게 돕는다. 정원으로 나가는 문을 두고 제주의 돌담이 보이게 남쪽으로 큰 창을 냈는데, 밖에는 직접 만든 토분에 좋아하는 식물을 키워 목극토까지 가능하게 하는 공간으로 계획했다.

제주 돌담을 쌓아 프라이버시를 지키고 정화될 수 있는 토의 공간을 만들어 이 집의 가장 중요한 중심 공간이 되도록 했다. 남측에서 들어오는 자연 채광으로 화생토가 되어 B 씨의 강한 수 기운을 조절해 주도록 했다. 커다란 창으로 자연스러운 돌담과 조경을 볼 수 있도록 해 내부공간을 더 편안하게 연출해 준다.

공방의 면적은 작지만, 외부로 통하는 창을 통해 좁아 보이지 않게 하고 외부의 원경을 그대로 내부로 들여온다. 한쪽의 벽은 B 씨의 포인트 컬러인 그린색으로 도색해 목의 기운을 돋구어 준다. 이 공방은 목생화도 되고 수생목도 되며 토극수의 공간으로도 가능하도록 디자인했다.

옥탑 침실은 병화의 기운으로 목생화를 할 수 있게 하는, B 씨에게 가장 중요한 미토의 공간이기도 하다. B 씨는 을미 일간으로 을목한테 미토는 편안한 토이다. 미토는 계절로 말하면 여름이지만, 일지로 왔기 때문에 계절로 말하기보다는 오행의 체성으로만 파악하면 된다.

미토는 을목의 근이기도 하고 을목이 좋아하는 토이다. 을목을 편안하게 만들어주는 환경 조성을 위해 디자인했다. 토의 색인 아이보리와 브라운 톤에 맞춰 바닥 매트를 깔았다.

왼쪽 상단에 보이는 계단실 위의 천창으로 목생화 공간을 표현하고, 발코니로 나가는 문도 유리로 처리해 제주 바다의 원경이 들어오게 했다.

옥탑방에는 천창을 만들어서 목생화를 강화하게 했다. 하늘로 가득 찬 프레임으로 연출해 병화의 기운을 가득 받으며 저 멀리 제주 바다를 바라보면서 임수의 기운을 간접적으로 받게 했다. 천연 재료로 제작된 침구나 벽지를 사용해 편안한 느낌이 들게 했다.

아래 그림은 B 씨가 미토의 편안한 공간에서 목생화를 하면서 휴식하는 모습을 표현한 것이다. 명리 공간으로 휴식 공간을 디자인하는 것은 매우 중요하다.

외부 테라스에서 들여다본 실내이다. 큰 도기 화분을 놓고, 빨간 쿠
션으로 포인트를 준 선베드에서 제주의 햇살을 즐기며 목생화의 에너
지를 얻게 했다. 테라스 바닥은 브라운 톤 석재 타일로 마감해서 토의
공간을 이미지화했다.

　B 씨의 도예 공방 1층 화장실에 설치한 히노키탕은 수의 기운으로 정화 작용이 일어나게 해 휴식도 하고 새로운 활력도 얻게 했다.

　기본적으로 모든 화장실이 좁아 내부에 작은 창을 내 스파 공간에서 밖을 볼 수 있게 했다. 그림에서 표현한 것처럼 히노키탕에 앉아 바라보면 창으로 외부의 풍광이 들어와 자연을 느낄 수 있다. 전반적인

디자인은 히노키탕을 위해 젠다이[*] 하부를 타일로 마감했고, 상부는 히노키 패널로 만들어 욕실 안에 히노키 향이 가득하게 했다. 화장실 타일은 주방의 바닥 타일과 동일하게 했다.

....
* 일본어 (ぜんだい)'에서 유래한 말로, 주로 욕실에 설치되는 선반.

제
5
장

참고 자료

나는 어떤 일주일까

시주	일주	월주	연주
정관	본원	겁재	편재
甲	己	戊	癸
子	未	午	卯
편재	비견	편인	편관
壬癸	丁乙己	丙己丁	甲乙
건록	사	사	태

생년월일로 자신의 오행을 알 수 있는데, 특히 태어난 날, 즉 일주에 오행과 상징 동물이 나타나 있다. 요즘은 만세력 앱으로 자신의 사주를 쉽게 뽑을 수 있다. 생년월일시를 입력하면 곧바로 4열 2행의 오행표를 볼 수 있는데, 이것이 사주팔자(四柱八字)이다. 즉 연월일시 네 개의 기둥에 각각 두 글자씩 오행이 들어 있어 총 여덟 글자가 된다. 오른쪽에서 왼쪽 방향으로 읽고 순서대로 연주, 월주, 일주, 시주라고 한다.

오른쪽에서 3번째 기둥인 일주가 자신을 대표한다. 최근 세간에서 화제인 MBTI가 유형을 나눠 성격을 이해하듯이 명리학에서는 사주의 일주를 보고 그 사람의 성향과 성격 등을 간단히 파악할 수 있다. MBTI는 총 16가지 유형으로 구분하지만, 사주는 60가지 일주로 기본

성향을 알 수 있다. 더구나 일주와 만나는 다른 나머지 글자와의 조합으로 사회적 위상, 부모와의 관계, 심지어 장래 배우자의 정체까지도 알 수 있다.

일주의 특성으로 자신의 성향과 앞으로 놓이게 될 상황을 알 수 있도록 앞서 일주별로 간략하게 정리해뒀다. 물론 자세히 파악하려면 나머지 글자와 세운 및 대운까지 꼼꼼히 살펴야 한다.

오행과 십이지지

앞서 살펴봤듯이 사주팔자는 오행과 십이지지의 구성이다. 오행으로 공간을 디자인하려면 사주팔자를 좀 더 구조화하고 이해하기 쉽게 정리할 필요가 있을 것 같다.

먼저, 오행은 목, 화, 토, 금, 수인데 목은 양목인 갑목과 음목인 을목으로 나뉘고 화는 양화인 병화와 음화인 정화, 토는 양토인 무토와 음토인 기토, 금은 양금인 경금과 음금인 신금, 수는 양수인 임수와 음수인 계수로 나뉜다.

십이지지는 흔히 알려진 12개의 띠, 즉 자(쥐), 축(소), 인(호랑이), 묘(토끼), 진(용), 사(뱀), 오(말), 미(양), 신(원숭이), 유(닭), 술(개), 해(돼지)를 말한다. 과거에는 사주 풀이를 할 때 태어난 해를 중심으로 봤지만, 이제는 태어난 날을 기준으로 본다. 즉 일간을 중심으로 년, 월, 시의 관계를 짚어 자신이 살아가는 환경과 내면을 분석한다.

예를 들어 2024년 12월 24일에 태어난 사람의 사주를 뽑는다면 갑진년 병자월 계묘일에 태어나서 계묘 일간이다. 병자 일간은 화 중에 양화이고 자수는 동물 중에 쥐를 의미한다. 그래서 양화, 붉은 쥐라고 간단히 지칭해서 설명하면 이해하기 쉬울 것 같아 다른 육십간지도 도표로 정리했다.

오행	천간	지지	음/양	띠(동물)	색
목	갑목	인목	양목	호랑이	녹색(green)
	을목	묘목	음목	토끼	
화	병화	사화	양화	뱀	적색(red)
	정화	오화	음화	말	
토	무토	진토, 술토	양토	용,개	황색(brown)
	기토	미토, 축토	음토	양,소	
금	경금	신금	양금	원숭이	백색(white)
	신금	유금	음금	닭	
수	임수	해수	양수	돼지	흑색(Black)
	계수	자수	음수	쥐	

오행	신체 요소 Body Elements	공간 요소 Space Elements
목	근육, 힘줄	입구 수직요소(계단, 램프, 엘리베이터, 상향지기)
화	심장, 혈액, center 실시간으로 형상이 변한다	복도, 네트워크, 동선
토	살(flesh)	마당, 머무는 곳, 중간 영역
금	피부(skin)	외피, 입면 외피는 내부와 외부의 중간적 공간을 형성한다 - 양면을 동시에 갖는 가변적 구조이다
수	혈관, 뼈, 구조, 풍선(수생목)	명상 공간

오행과 신체요소, 공간 요소

오행의 생극제화와 십성으로 공간적 요소를 정리해보면 다음의 표와 같다.

오행	방위	색상	오행의 특성	형태	공간 요소	오행의 생극제화	십성
목	동쪽	청색 계열	움직임, 시작, 새로움, 순수한 어린이	직선, 곡선 상향지기 수직, 수평,	취미실, 운동실 화단	목생화	식상, 인성
						목극토	재성, 관성
화	남쪽	적색 계열	드러내기, 표현하기, 교육하기 열매맺기, 교류하기	방사형 네트워크	거실	화생토	식상, 인성
						화극금	재성, 관성
토	중간	황색 계열	멈추기, 중재 (중개)하기	플랫폼	마당, 복도, 중정	토생금	식상, 인성
						토극수	재성, 관성
금	서쪽	흰색 계열	정리하기, 결단하기 치유하기, 정화하기	직교, 경계	담, 벽	금생수	식상, 인성
						금극목	재성, 관성
수	북쪽	흑색 계열	모이기, 아래로 낮아지기, 생각하기 잠자기, 내면을 채우기	점, 원	명상실, 서재, 음악실, 침실	수생목	식상, 인성
						수극화	재성, 관성

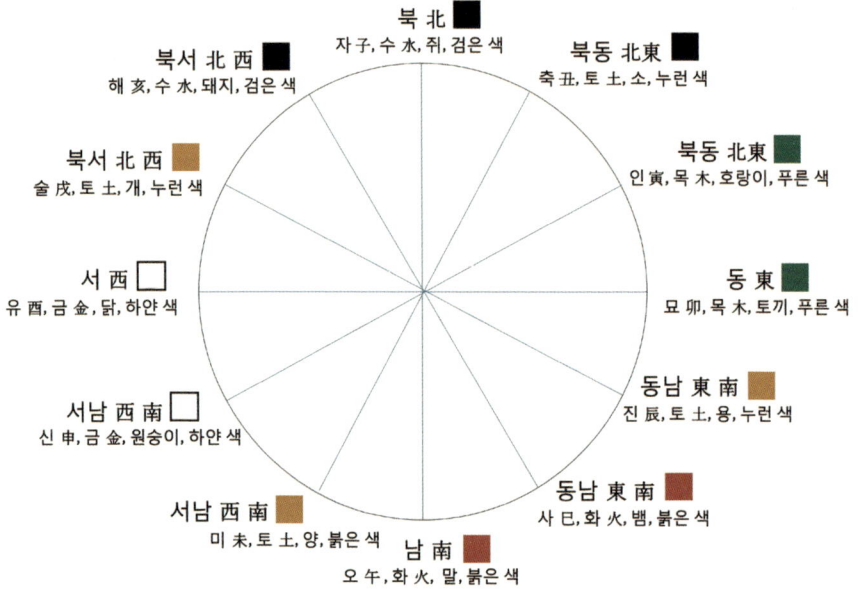

북 北 ■
자 子, 수 水, 쥐, 검은 색

북서 北西 ■
해 亥, 수 水, 돼지, 검은 색

북동 北東 ■
축 丑, 토 土, 소, 누런 색

북동 北東 ■
인 寅, 목 木, 호랑이, 푸른 색

북서 北西 ■
술 戌, 토 土, 개, 누런 색

서 西 □
유 酉, 금 金, 닭, 하얀 색

동 東 ■
묘 卯, 목 木, 토끼, 푸른 색

동남 東南 ■
진 辰, 토 土, 용, 누런 색

서남 西南 □
신 申, 금 金, 원숭이, 하얀 색

동남 東南 ■
사 巳, 화 火, 뱀, 붉은 색

서남 西南 ■
미 未, 토 土, 양, 붉은 색

남 南 ■
오 午, 화 火, 말, 붉은 색

오행의 생극제화

오행 목(木) 화(火) 토(土) 금(金) 수(水)의 개념을 간단히 정리했다. 명리학의 기초가 되는 내용이니 명리 공간을 이해하는 데 도움이 될 것이다. 명리학은 자연의 이치를 탐구하는 동양 고유의 학문이다. 24절기를 기준으로 파악하므로 '절기학(節氣學)'이라고도 부른다.

오행의 생극제화란 무엇일까. 오행은 순환을 만들어 낸다. 자연의 순환이라고 이해해도 좋다. 오행의 상생상극은 오행이 상생하고 상극하면서 순환하고 반복하는 것을 말한다. 그러면서 자연은 순환하고 인간은 그런 순환 속에서 존재한다.

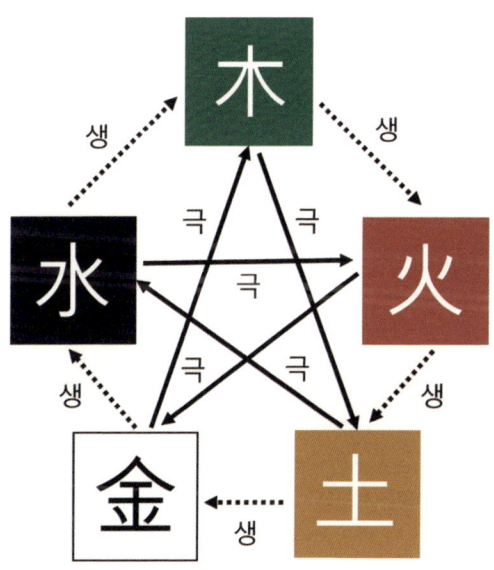

목생화(木生火)는 목이 화를 생한다는 의미로 나무를 태워서 불을 지피거나 나무가 햇빛을 받아 자라고 펼치는 형국이다. 목이 화를 만나면 자신의 역량과 창의력, 창조력을 잘 드러낸다. 나무가 빛이 없으면 음지에서 잘 자라지 못하는 것과 같은 이치이다.

화생토(火生土)는 화가 토를 생한다는 뜻인데 도자기 만드는 상황을 상상하면 된다. 흙으로 빚어 고온에 구우면 그릇이 되듯이 화가 토를 생하면 역할이 생기고 기능이 생긴다.

토생금(土生金)은 땅에 묻힌 광물을 떠올리면 된다. 그 광물이 금일 수도 있지만, 원석일 수도 있다. 그럴 때는 가공해서 좋은 보석으로 만들 수 있다.

금생수(金生水)는 광물이 물을 발생시키고 조장한다는 뜻이다. 차가운 금속에 물방울이 맺히는 현상이나 금속에 의해 물이 정화되는 현상을 떠올리면 된다. 금은 분별력으로도 보는데 수를 깨끗하게 유지하고 보관하기 때문이다.

수생목(水生木)은 나무가 자라려면 물이 필요하다는 자연의 이치를 떠올리면 된다. 그러나 물이 너무 많으면 뿌리가 썩거나 물에 떠서 뿌리를 내리지 못하듯이 물이 너무 많아도 좋지 않다.

목극토(木剋土)는 나무가 땅에 뿌리를 내리는 형국인데, 뿌리에 의해서 흙이 소토되는 상황을 말한다. 토에 물이 적당해 나무가 뿌리내리기 좋은 상황이 이상적이다. 물이 없어 마른 땅은 뿌리에 의해 흙이 부서지기도 한다.

토극수(土剋水)는 토가 수를 극한다는 말인데 제일 쉽게 떠올릴 수 있는 물상은 댐이 물을 가두고 있는 모습이다. 물은 넘치면 재해가 될 수 있을 정도로 위험한 요소이므로 길을 만들어주거나 댐에 가둬 필요할 때 적절히 쓰면 유용한 자원이 된다.

수극화(水剋火)는 물로 불을 제압한다는 뜻이다. 불이 나면 물로 끄는 이치이다. 물론 큰 불은 물로 끄지 못하고 오히려 역효과를 낼 수 있는데, 이럴 때 토를 쓴다. 수와 화는 서로 너무 다르기에 자신의 존재가 드러난다. 예를 들어 바다 위에 떠 있는 태양은 바다가 있기에 태양으로 존재할 수 있다. 이처럼 수와 화의 관계는 단순히 극하는 관계로만 볼 것이 아니라 존재의 의미로도 해석할 수 있다.

화극금(火剋金)은 화가 금을 다루는 것을 말한다. 쇠를 뜨거운 불에 달궈 여러 가지 도구를 만드는 상황을 떠올리면 된다. 또 열매를 금으로도 보는데, 열매는 태양의 빛과 열이 있어야 익기 때문이다. 이처럼 금은 화로 극을 당하지만 결과적으로 도구로 만들어져 쓰임새가 생기거나 열매로서 가치를 얻게 된다.

금극목(金剋木)은 도끼로 나무를 베고, 정전 가위로 화초의 가지를 치는 장면을 떠올리면 된다. 그래서 갑목은 도끼로 상징되는 경금을 싫어하고 을목은 신금 가위를 싫어한다. 하지만 이것이 반드시 나쁜 것만은 아니다. 금은 목을 통제하는데, 경금은 울타리를 쳐 을목을 가두기도 하지만 보호하기 때문이다.

오행의 생극제화 정리 - 석정 선생님 자료 참조

오행	생극제화	특성
목 지향력, 직진, 등대	목생화	목생화는 인성, 식상, 자신의 정신세계를 고양시키는 공부, 공부를 통해서 자신을 새롭게 만들고 확장시켜 나간다. 목 입장에서 목생화가 되면 자기가 원하는 방식으로 토를 점유할 수 있게 된다. 자기가 가지고 있는 것을 펼쳐내면서도 토로 수렴되기 때문에 안정적인 결과를 얻게 된다. 목 오행을 천간으로는 갑목과 을목으로 나누고, 지지로는 인목과 묘목이 있다. 갑목과 인목은 비슷한 성질이라고 보고 을목과 묘목을 비슷하다고 본다. 갑목은 직진의 성향이고 을목은 곡진이라고 해서 바로 자라다가도 태양의 각도가 바뀌거나 환경이 달라지면 곡선으로 방향을 바꾸어서 곡선으로 이리저리 움직이며 자라는 모습이다.
	목극토	목극토에서 목에게 토는 재성, 토에게 목은 관성이다. 재성은 일, 프로젝트이며, 수가 개입하면 재생관이 된다. 수가 정보를 모아서 데이터를 분석하며 정신적인 것을 다루어서 새롭게 전환시키는 직업인 상담, 치유에 재능을 발휘한다. 목은 토를 보게 되면 운동성이나 산만함이 안정된다. 자기가 책임지고 해야 하는 일이나 영역에 대한 확실한 인식이 생기는데 목이 새로운 일을 벌이는 것을 줄이고 일정하게 해야 하는 일을 찾게 된다.

오행	생극제화	특성
화 발산, 분열, 팽창, 확산, 다양한 관계 맺음, 무정형성, 교류	화생토	화생토는 인성, 자신의 정신세계를 고양시키는 공부를 한다. 화가 있는 것 자체로 사람들과의 교제나 소통을 즐긴다. 화생토가 되고 있는 것은 화를 토라는 그릇에 잘 수렴하고 있는 모양이다. 화가 분열되고 팽창하지 않도록 수렴해주기 때문에 토가 지나치면 회화라고 한다. 화가 가려진다는 의미이다. 화토 식상은 사람들과 어울려서 무언가를 하려는 것이 강하다. 토 자체가 영역, 마당을 만들어서 하려고 하는 것이기 때문에 집단성이 강해진다. 토는 여러가지 들이 혼재되어 있는 것을 그냥 펼쳐 놓은 상태로 토 식상은 특히 무언가를 하면서 여러가지를 늘어 놓는다.
	화극금	화는 금의 과거이다. 금은 화를 보면 자신의 할 일을 인식한다. 화를 분멸하고 포장하는 것이 금이 할 일이다. 사방으로 퍼져 있는 화를 포장해서 사용할 수 있는 물건으로 만든다. 금은 목생화로 벌어진 일들, 펼쳐져 있던 것을 분리해내고, 실체화한다.
토 머무름, 사이, 변환장치, 이쪽 저쪽의 연결, 접촉	토생금	토생금의 금이 토를 만나면 관습적으로 토생금이라고 하지만 사실 금설토의 영향이 크다. 금에게 토는 인성으로 머무름, 생각, 망설이는 것, 정신적인 영역을 만들어 준다는 의미로 충분히 역할이 크다. 금이 지나치게 뾰족하고 분별이 강할 때는 토로 어느 정도 생각하는 공간을 만들어 줘서 도움이 된다.
	토극수	토극수는 수를 한정하고 용도를 규정하는 것을 말한다. 토극수가 주를 이루는 명은 새로운 것을 받아들이거나 새로운 것을 시도하는 것은 잘 안될 수 있다. 토가 강하면 대체로 패턴화되고 하던 방식을 고수하게 된다. 이럴 때 목이 있으면 토를 조절하고 수가 수생목을 하면서 능력을 드러낸다. 금 또한 토를 설기하면서 너무 두꺼워진 토를 조절하면 수가 막히고 멈춰 있는 것을 조절해 줄 수 있다. 토극수의 수는 모이고 정리하고 아래로 내려가는 방향성을 가진다. 수 자체만으로는 보이지 않는 영역에서 내적으로 유동한다. 자기를 드러내지 않고 비밀스러운 모습을 보인다. 목을 만나면 자기의 내면에 가지고 있는 것을 가지고 나가서 세상을 바꾸고 새로운 시각을 보여주려는 에너지로 작용한다. 자기가 가지고 있는 것을 밖으로 가지고 나가서 새롭게 활용하려고 한다. 창의적이고, 앞장서는 성향이 강해진다. 반면에 토가 수를 만나면 자유로움보다 틀에 맞춰서 하려고 하는 성향으로 변화한다.

오행	생극제화	특성
금 정리하고 조절하는 분별력, 조절, 질서화, 패턴화, 구조화, 경계가 확실함	금생수	수가 개입하면 금생수, 수생목으로 연결, 금이 지속적으로 움직여서 정보를 모으고 반복적인 경험으로 일을 만든다. 수는 금의 미래. 금은 수를 보게 되면 사회에서 활발하게 활동하는 것과는 멀어진다. 자기 내면으로 들어가고 한점으로 모아서 원리적인 것, 이치적인 것을 탐구하는 성향이 강해진다.
	금극목	금극목은 또한 재성, 관성, 새로운 것을 만들어 내고 개발하는, 프로젝트 시작 시점에서의 설계, 일을 구체화시키고 형태를 잡아간다. 패턴화, 질서를 잡아가는, 또는 형태를 지속시키는 일이며 옛 것을 새롭게 재창조, 재해석하는 힘이 있다.
수 응집, 응축, 하강, 정화, 보이지 않음, 재생, 어둠, 명상, 상상력, 홀로 있음	수생목	수생목에서 수는 목의 인성이고 수에게 목은 식상이다. 인성은 공부하다, 생각하다의 의미를 가지고 있고, 목은 수를 흐르게 하는 통로이며 밖으로 나가 새로운 것을 시도하는 것이다.
	수극화	수에 의해서 화의 비정형성이 수렴된다. 수일간이 화 재성이 있으면 순간적 직관력이 빠르다. 수는 원리적인 것, 보이지 않는 것인데 화는 드러난 것, 다 표현된 것이다. 수에게 화는 재성이기 때문에 사람들에게 직접 어필하는 일을 한다. 소비재, 뷰티, 마케팅 등 사람들의 어떤 지점을 자극해야 움직이는 것을 안다.

전통건축과 명리학의 상관성

한국인은 근대화 이래 서양 문화에 지나치게 탐닉해서 정작 자신의 고유한 공간 개념을 현대 건축에 적용하지 않는 경향이 있는 듯싶다. 이 책을 쓰기 위해 전통 건축과 사상을 새롭게 공부하면서 이를 명리 공간에 적용할 수 있을지 고민했다.

이화여대 건축과 임석재 교수는 『한국 전통건축과 동양사상』에서 전통 건축의 사상과 공간을 유교, 불교, 도교 등 대표적인 집단 사유 체계와 관련해서 해석했는데, 역시 전통 건축에 공간의 사상적 코드가 작동하고 있음을 확인할 수 있었다. 특히 우리 건축의 사상적 근거를 찾아볼 수 있어 반가웠다. 실제로 전통 한옥은 유교의 영향을 많이 받았다고 한다. '건축가'라는 말 자체가 존재하지 않던 당시에 집을 짓던 사람은 도편수 정도 장인으로, 사회 계급으로 말하면 중인이었다. 그 시대에 서민이나 중인은 유교보다 도교에 더 큰 영향을 받아 한옥 같은 주거 건축에는 유교와 도교의 정신적 가치가 혼재돼 있었다는 사실을 알고 나니 전통 건축의 공간 구조를 더 잘 이해하게 되었다.

우리의 전통적 사고가 인간과 자연이 하나라는 물아일체(物我一體) 사상을 중요시하듯이 명리학도 인간의 삶과 때를 알고 이해하기 위해 인간과 자연을 하나로 파악한 학문이다. 그런 점에서 도교 사상과 밀접하고 유사한 점도 찾을 수 있다. 생각해보면, 오방색이니 팔각정이니 하는 익숙한 용어에 이미 명리학적 사고가 깃들어 있다. 오방색도 오행에 근거해서 나왔고, 팔각정의 8도 명리학에서 말하는 팔자와 같은 의미이다. 이런 전통 건축의 사상과 명리학에 근거해서 우리 전통 건축과 공간을 재해석해 디자인한다면 일본이나 중국과는 다른 우리만의 현대적인 '동양적 공간'을 만들어낼 수 있다고 믿는다.

건축가 송민구 선생은 「우리나라 전통건축 조형의 의미」라는 글에서 우리 전통 건축의 비례가 주로 숫자로 정리되었고, 그 기원이 중국이라고 말한다. 또한 현대를 살아가는 동양인 대중의 생활에까지 깊이 뿌리내린 고대 사상을 분석해보면 수의 신비와 천문 개념이 매우 복잡하게 얽혀 무수히 가지를 뻗고 있다고 한다. 천인동일(天人同一) 사상, 즉 임금은 하늘이라는 생각과 넓게는 우리 삶에 영원한 수복강녕(壽福康寧)을 기원하는 절실한 인간적 염원이 깔려 있다고 생각한다.

명리학에서 말하는 팔자의 8과 오행의 5는 같은 숫자이다. 주(周)나라 문왕(文王)은 하(夏)나라 우왕(禹王)의 낙서에서 8괘(八卦)를 지었고, 그것을 '문왕의 8괘'라고 하며, 그의 아들 주공(周公)을 거쳐 내려온 것을 공자가 5경(五經)으로 집대성함으로써, 그것이 『역경(易經)』에 남게 된 것이라 한다.

오행은 만물을 조성하는 다섯 가지 원기로서 수, 목, 화, 토, 금을 생각하고, 물이 나무를 생기게 한다고 하여 '수생목', 나무가 불을 생기게 한다고 하여 '목생화', 불이 흙을 생기게 한다고 하여 '화생토', 흙에 쇠를 생기게 한다고 하여 '토생금', 쇠가 물을 생기게 한다고 하여 '금생수'라고 했다. 그리하여 만물의 생성 원리를 설명하면서 윤회(輪廻) 사상을 형성했고, 생성의 원리에 따른 것을 '오행상생(五行相生)'이라고 하며, 이것을 역행하는 것을 '오행상극(五行相剋)'이라고 하는데, 만사에 '오행상극' 해서는 안 된다고 믿었다는 것이다. 오행설을 주창하여 성공을 거둔 사람은 중국 전국시대 제(齊)나라 사람 '추연(鄒衍)'이라는 학자로 제자백가(諸子百家) 중 음양가(陰陽家)의 대표적 인물이었다. 이처럼 수와 오행이 결부하는 방식은 참으로 흥미로웠고, 고려 시대까지 불교가 국교였던 우리 사찰 건축에도 적용되었다.

황금분할 비율 3 : 5는 3 : 4 : 5의 직각삼각형 인과 천의 비율이며, 그런 삼각형을 '신성불가침의 삼각형' 또는 '피타고라스의 삼각형'이라고 부른다. 음양 조화, 황금분할비 등은 우리 궁정 건축, 사찰 건축에 적용되어 건축미를 뽐내고 있다. 처음에는 왕족과 귀족의 전유물로 사용되고 서민 민가에는 공유되지 않았다고 하니 얼마나 귀하게 여기고 믿었는지 짐작할 수 있을 것 같다.

부석사 무량수전은 5 : 8 비율로 건축물의 규모와 조화를 이루게 했는데, 이는 황금분할비이다. 5는 오황극(五黃極)으로 모든 도리의 근본을 이루는 대중의 도를 뜻하고, 8은 유의 모체인 무, 즉 태극에서 파생하여 양의(兩義) 사상(四象) 팔괘(八卦)로 분기해 팔괘의 의미가 있다. 이처럼 전통 건축에서 직접적으로 숫자를 비례 삼아 사용했다는 기록은 매우 흥미롭다. 기의 흐름을 중시하고, 좋은 공간에 좋은 에너지를 담아 발복을 기원 하는 것은 예나 지금이나 변함없다.

모두가 행복해지기를

언젠가 몸이 아파 한의원을 찾았을 때 '체질 검사'라는 것을 해본 적이 있다. 8체질을 분석해 한약을 처방해줬는데, 석 달 넘게 약을 먹어도 차도가 없어 다른 곳을 찾았다. 그랬더니 '목음'이라던 체질이 '금음'으로 바뀌었다. 따라서 먹어야 할 음식과 금해야 할 음식의 목록도 완전히 바뀌었다. 호기심에 해본 것이었지만, 누군가가 정곡을 찌르는 말을 들려주었다. "그런 거 지키려고 하면 오히려 몸에 해로워요. 체질에 따라 음식을 먹어야 한다는 것, 그런 것 신경 쓰지 마세요. 오히려 스트레스만 쌓여요. 자기가 좋아하고 당기는 음식이 바로 자기 체질에 맞는 거예요." 그때부터 나는 나 자신의 힘을 믿기로 했고, 내게 맞는 음식을 스스로 공부해 지금은 어느 때보다도 건강하게 살아가고 있다.

얼마 전 유튜브에서 여의도 더현대 서울의 조경을 맡아 디자인한 우현미 선생의 주택을 소개하는 영상을 봤다. 더현대가 처음 개관하고 그 공간이 궁금해서 방문했을 때 참 '대담하다'고 생각했던 기억이 났다. 일반적으로 백화점이라면 '이러이러하게 설계해야 한다'는 공식이 있을 정도로 쇼핑에 최적화된 공간을 만들어야 한다는 불문율이 있다.

즉 백화점에는 창문과 시계가 없어야 한다고들 하는데, 이는 사람들에게 다른 생각할 여유를 주지 않고 쇼핑에 집중할 수 있게 하기 위해서라는 것이다. 하지만 더현대의 설계는 너무도 달랐다. 우선 메인 층이라고 할 수 있는 4층을 공원화한 콘셉트와 물을 주제로 한 폭포와 '수' 공간 디자인은 기존 백화점의 상업 공간 디자인 틀을 깬 파격 자체였다.

그런 더현대의 조경 디자인을 한 사람의 집은 어떨까 궁금했는데, 역시 기대 이상이었다. 오래된 공동 빌라 중 한 채를 구입해서 리모델링한 집에서 맨 처음 눈에 들어온 장면은 더 넓게 확장한 발코니의 멋진 화분과 햇빛이 어우러진 '목'의 공간이었다. 그리고 영상을 보면서 수의 공간도 매우 중요한 요소로 디자인되었음을 확인한 대목이 있었다. 그는 거실에 걸린 커다란 연못 사진을 보여주면서 자신은 물을 좋아한다고 했다. 그리고 정원과 물에 관해 설명하면서 식물도 사람도 물로 이루어졌다고 말하는 것을 보니 그의 사주도 분명히 식물을 잘 키우는 기운으로 이루어졌고, 수의 기운이 매우 중요하게 작동한다는 것을 알 수 있었다.

이렇게 사람들이 사는 공간을 관찰하고, 그들의 말을 들어보면 자신도 모르게 선호하는 것들이 드러난다. 뭔지 모르지만 편안하게 느껴지는 공간과 소품들… 남들은 안 하지만 나는 하게 되는 그런 것 말이다. 결국 자기 몸에 맞는 음식이 있듯이, 자기 존재에 맞는 공간과 인테리어가 있는 셈이다.

오늘날 우리는 4차 산업혁명의 시대를 살고 있고, 앞으로 AI가 우리 삶을 현저하게 바꿀 것이 예상되는 시점에 왜 명리학에 대한 관심이 높아지는지 생각해볼 필요가 있다. 디지털이 등장하기 전 사람들은 대상을 직접 손으로 만들고, 문제를 물리적으로 해결해야 하는 아날로그 시대를 살았다. 하지만 너무 빠른 속도로 디지털이 아날로그를 대체했고, 이제는 AI가 대체할 시대가 코앞으로 다가왔다. 하지만 모든 것이 자동화되고, 비대면이 일상화될수록 우리는 더욱 절실하게 아날로그에 향수를 느낀다. 이 시대가 몹시 불안하고 너무 빠른 변화에 적응하지 못할 것이 두렵기 때문이다. 종교도 믿지 않는 사람의 수가 늘고, 인생의 허무함을 느끼며, 삶에 무기력해지는 사람도 늘어난다. 우리는 더 '편리한' 시대에 살고 있을지는 몰라도 더 '불행한' 시대에 살고 있음은 분명하다.

건축사인 내가, 명리학을 공부하며 내게 맞는 공간에 대한 해답을 찾아 조금 더 행복에 가까워졌듯이 독자 여러분도 자신에게 맞는 공간을 찾는 데 도움이 되기를 바라는 마음으로 이 책을 썼다. 가능한 쉽게 쓴다고 했지만, 이 책 하나로 실질적인 공간을 디자인하고 완성하는 데는 더 많은 임상과 사례 분석이 필요할 것이다. 하지만 모든 일이 그렇듯이 시도했다는 사실 자체가 다음으로 나아가기 위한 포석이고, 가능성을 알게 된 계기가 되었다고 믿는다.

몸이 아플 때나 마음에 상처를 입었을 때, 누군가의 손길과 조언이 도움이 된다. 혹시 여러분도 자신이 속한 공간에서 답답함을 느끼고 있었다면 이 책이 도움이 되기를 간절히 바란다. 미약하나마 내가 아는 것들을 여러분과 나누고 싶었다. 그래서 모두가 한 뼘 더 행복해기를 바란다.

부족하지만, 이 책을 준비한다고 말씀드렸을 때 용기를 주시고 응원을 보내주셨던 화풍정 선생님, 정동찬 선생님, 석정 선생님, 친구들과 가족들, 그리고 끝까지 그림 그리느라 수고한 하보선 작가님께 감사의 마음을 전한다.

2025년 겨울의 입구에서

顯秀 박희령

명리 공간

명리로 풀고 공간으로 디자인하다

인쇄일 : 2026년 1월 10일
글쓴이 : 박희령
그린이 : 하보선
표지 일러스트 : 최준하
편집 : 박우현
디자인 : 김미리
펴낸이 | 김문영
펴낸곳 | 이숲
등록 | 2008년 3월 28일 제 2020-000067호
주소 | 경기도 파주시 산남로107번길 86-17
전화 | 031-947-5580
팩스 | 02-6442-5581
페이스북 | www.facebook.com/EsoopPublishing
인스타그램 | @esoop_publishing
Email | esoope@naver.com
ISBN | 979-11-91131-97-0 03180
© 이숲, 2025, printed in Korea.

▶ 표지에 쓰인 일러스트는 주역의 태괘(泰卦)입니다. 이는 지천태(地天泰) 괘로, '편안함', '안정', '융성'을 의미하며 음양의 기운이 조화롭게 소통되는 이상적인 상태를 나타냅니다. 하늘이 땅 위로 솟아 있는 것을 형상화했으며, 이는 기운이 소통되고 만물이 성장하는 상태를 상징합니다.

顯 秀 박희령

독일건축사, 대한민국건축사. 독일 칼스루에 공과대학교에서
건축설계를 전공한 후 석사학위인 디플롬을 받고 귀국하여
홍익대학교 대학원에서 공학박사 학위를 받았다.
홍익대학교, 건국대학교, 고려대학교, 숙명여자대학교, 광운
대학교, 목원대학교, 한성대학교 등에서 강의하였고, 2006년
부터 국민대학교 테크노 디자인 전문대학원에 건축디자인
전공 교수로 재직했다. 30여년 간 다수의 주거·상업 공간 설
계를 진행했으며 현재는 배재대학교에서 겸임교수로 재직
중이다. 또한 피앤디피 건축사사무소 대표로 있으면서 명리
를 공간에 접목한 다양한 설계 컨설팅을 하고 있다.